기초 검도 마스터

일신서적출판사

劍
道

劍 道

道
劍

劍
道

이 책을 읽는 여러분께

많은 스포츠 가운데 일부 종목은 그 운동을 하는 사람의 신체적 조건과 맞지 않아 고민하게 되는 경우도 있습니다.

그런 점에서 여러분이 검도를 선택한 것은 참으로 잘한 일입니다. 검도는 다른 스포츠에 없는, 많은 좋은 점을 당신에게 가르쳐줄 것입니다. 또, 다른 스포츠는 신장이나 체중에 많은 영향을 받지만, 검도는 키가 크건, 작건, 뚱뚱하건, 여위었건 관계없이 누구나 할 수 있고, 누구나 즐길 수 있습니다.

검도는 전신 운동으로, 운동 신경을 발달시키는 데 매우 도움이 되는 빠른 동작이 요구되는 스포츠입니다. 또한 오랜 역사를 가지고 있어 검도를 배움으로써 자연히 예의 범절을 익힐 수 있고, 강인한 정신력을 기를 수 있으며, 다른 사람들을 배려하는 마음을 기를 수 있습니다.

즉 검도는 단지 운동 기술만을 배우는 것이 아니라, 여러분이 성장하면서 갖추어야 될 여러 덕목 - 예의, 신의, 겸양, 용기, 지성, 협력, 스승과 동료에 대한 경애, 봉사, 인내력, 판단력, 결단력, 집중력 - 을 자연스럽게 익힐 수 있는 것입니다.

이제 여러분 모두 검도를 배우면서 올바르고 훌륭한 인격을 지닌 사회인으로 성장하기를 바랍니다.

1987. 편자

차 례

4. 호구(護具) ✦ 61

5. 기본 격자 ✦ 75

차 례

part

1

검도를 시작하자.

Part 1

검도를 시작하자.

1. 검도의 기원.

검도는 2명의 경기자가 일정한 규칙에 따라서 호구(護具)를 착용하고 죽도(竹刀)로 서로 상대의 특정 부위(머리 · 손목 · 허리 · 목)를 때리거나 찔러서 승패를 결정하는 경기입니다. 검도는 냉철한 판단력과 재빠른 동작, 대담한 정신력이 요구되는 운동으로 남녀노소 구별없이 일생을 통하여 수련할 수 있는 운동입니다.

'검도'란 용어의 기원은 중국 후한(後漢) 때 반고(班固)가 쓴 《한서(漢書)》의 《예문지병기교(藝文志兵技巧)》에 《검도 38편》이란 기록이 있는데, 여기서 연유한 것입니다.

검도는 칼의 기원과 역사를 같이 합니다. 문헌을 살펴보면 금석병용시대(金石倂用時代)에 들어서면서 한반도와 남만주에 걸쳐 있었던 군소 제국 중에서 마한은 검(劍) · 궁(弓) · 시(矢) · 모(矛)가 있었다 하고, 옥저는 모(矛)를 가지고 보전을 잘한다고 했고, 낙랑에서는 근궁(近弓)이 나왔다고 합니다.

이러한 병기들은 삼국 시대에 발전하여 특히 신라의 경우에는 화랑 제도가 있어 검술이 다른 어느 곳보다도 발전하였습니다.

현재의 검도는 우리 나라에서 전수된 검술이 일본 내의 전란 과정 속에서 발전되었고, 나중에는 스포츠로 체계화된 일본의 검도가 역으로 우리 나라에 들어오게 된 것입니다. 구한말과 일제 지배 하에서 강제로 수용된 초기의 일본 검도가 우리 고유의 검술의 맥을 끊게 했다고 보아도 좋을 것입니다. 이렇게 수용된 검도는 해방 후 상당한 기간 동안 침체된 상태에서 이어져 왔으나, 점차 검도 자체가 가지는 운동의 진가를 인식하는 층과 국제화되고 스포츠화된 운동으로서 해방 후 새로운 세대의 호응을 받아 건전한 스포츠로서 정착되었습니다.

▲ 검도는 단순히 승패만을 겨루는 스포츠가 아니다.

2. 검도를 하면 운동 신경과 집중력이 향상된다.

검도를 하면 어떤 좋은 점이 있을까요. 검도를 시작하려고 하는 여러분에게 먼저 그것을 이야기하겠습니다.

① 검도를 하면 예의 범절이 몸에 익혀진다.

여러분은 누군가가 싸움을 할 때에, 갑자기 뒤에서 덤비거나 한 사람에게 두 사람이 덤비는 행위는 비겁하다고 생각할 것입니다. 검도는 싸움과는 다르지만 생명을 주고 받는 무도이기 때문에, 오랜 세월에 걸쳐 비겁한 짓은 하지 않도록 하는 예의 범절이 생겼습니다. 칼을 잡는 법이나 놓는 법, 앉는 법, 서는 법 등모두 분명히 정해져 있습니다. 검도를 하면 평상시의 생활도 예의 바른 단정한 생활을 자연스럽게 할 수 있게 되는 것입니다.

예의를
익히고

집중력을
기른다.

▲ 검도를 통해 예절을 익히게 된다.

10

▲ 검도는 운동 신경과 집중력을 높이는 데 적합하다.

② 검도를 하면 운동 신경과 집중력이 좋아진다.

검도는 빠른 발동작으로 죽도를 사용하여 머리나 허리, 손목 등을 쳐야 합니다. 그 때문에 매우 빠른 동작을 필요로 하고, 몸의 구석구석까지 움직여야 하는 대단히 좋은 운동이 됩니다. 그 뿐만 아니라 시합에서 한 번 맞으면 그것으로 경기가 끝나므로, 이기기 위해서는 정신을 집중시켜 승부에 임해야 합니다. 그러므로, 마음을 하나로 모으는 집중력이 길러지는 것입니다. 이것은 공부에도 많은 도움이 되어, 공부에 싫증을 내지 않는 끈기가 있는 강한 성품을 기를 수 있습니다.

3. 알맞은 죽도의 길이는 가슴 높이.

너무 어려운 이야기만 하면 처음부터 싫증이 나겠지요. 여러분은 지금 검도를 하고 싶어 몸이 근질근질하리라 생각됩니다.

검도를 시작하려면 먼저 무엇이 필요할까요. 그것은 죽도입니다. 죽도에 대한 지식을 배우고, 검도복과 호구를 준비하여 이제부터 검도를 시작합시다.

죽도는 연령에 따라 길이와 무게가 정해져 있습니다. 이 규칙은 대한검도회에서 정한 것인데, 누구나 이 규칙에 따라 자신에게 알맞은 것을 선택해야 합니다. 그러나 이 규칙은 중학생 이상에게 적용되는 것이므로, 초등학생에 대해서는 특별한 제한이 없습니다. 다만, 너무 무거운 죽도는 사용하기 어렵고 너무 가벼운 죽도는 깨지기 쉬우므로 피해야 합니다.

보통, 초등학생에게 알맞는 죽도는 다음과 같습니다. 5~6학년생은 길이 109 cm, 무게 375 g 정도. 3~4학년생은 길이 103 cm, 무게 325 g 정도. 그보다 저학년생이나 유치원생은 특별히 짧은 것을 주문하여 사용하면 될 것입니다. 그러나 초등학교 1~2년생이든 유치원생이든 키가 크고 작음의 차이가 있으므로, 죽도의 길이는 대체로 가슴 높이 정도를 기준으로 합니다.

● 죽도의 규격

	성별	중학생	고등학생	대학·일반
길이	공통	114 cm 이내	117 cm 이내	120 cm 이내
무게	남성	425 g 이상	470g 이상	500g 이상
	여성	400 g 이상	410g 이상	420g 이상

가슴높이가 적당하다.

4. 좋은 죽도란 좋은 재질의 대나무로 만든 것이다.

좋지 않은 죽도는 이미 속이 부러져 있거나, 벌레가 먹었거나, 두서너 번 치면 부러지기도 합니다. 아까운 일이지요. 그러므로 죽도를 살 때에는 죽도에 대한 지식과 죽도의 선택법을 안 다음에 사도록 합시다.

먼저 죽도는 오른쪽 그림의 위와 같이 되어 있는 것을 완성품이라고 하며, 전부를 통틀어 죽도라고 합니다. 또 따로따로 분리하였을 때 대나무만의 부분이 있는데, 이것을 죽도대나무라고 합니다. 좋은 죽도를 구하려면, 먼저 좋은 죽도대나무를 선택하는 것이 중요합니다.

죽도를 선택할 때에는 다음 사항을 주의하여 선택하십시오.
① 대나무의 마디가 죽도의 길이를 같은 간격으로 5등분하고 있고, 4개의 대나무에 모두 마디가 있는 것.
② 대나무 표면에 광택이 있어서 반들반들한 것.
③ 4개의 대나무가 모두 같은 두께인 것.
④ 대나무의 안쪽이 깨끗하고 균열이 없는 것.
⑤ 대나무의 안쪽이 희고 깨끗한 것.
⑥ 같은 무게라도 끝 쪽이 무겁게 느껴지지 않고, 중심이 조금이라도 손잡이 쪽에 가까운 것.

● 죽도

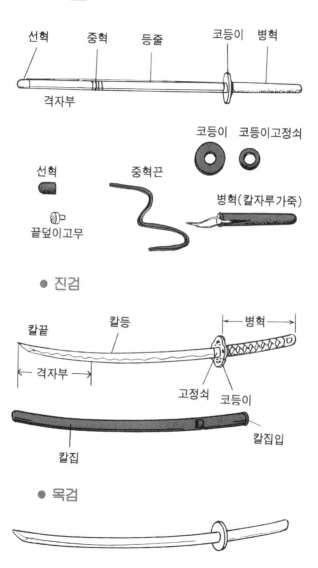

선혁　　중혁　　등줄　　코등이　병혁

격자부

코등이　코등이고정쇠

선혁　　　중혁끈

병혁(칼자루가죽)

끝덮이고무

● 진검

칼끝　　　칼등　　　　　　　　병혁

격자부

고정쇠　코등이

칼집입

칼집

● 목검

5. 완성품보다도 부품을 사서 조립하자.

죽도를 살 때 이미 만들어진 완성품을 사는 사람도 있으나, 완성품에서는 대나무 속에 벌레가 먹은 곳이 있어도 보이지 않고, 속이 진공 팩과 같이 되어 있는 것도 있어서, 죽도의 질을 잘 알 수 없습니다. 그러므로, 될 수 있는 대로 부품을 사서 그것을 잘 닦아서 조립하는 것이 가장 좋은 방법입니다.

검도를 시작한 지 얼마 되지 않은 사람은 스스로 죽도를 조립하는 것이 어려울 것입니다. 처음에는 검도 선생님에게 부탁하고, 차츰 배워서 자기 혼자서도 할 수 있도록 합시다.

순서는 다음과 같습니다.

① 죽도에 사용되는 죽도대나무의 앞끝에서 3분의 1의 곳까지의 양모퉁이를 줄로 동그랗게 밀어 모를 없앤다.

② 그 부분에 기름이나 초를 칠하여 4개의 대나무가 맞닿는 부분을 매끄럽게 한다.

③ 병혁(칼자루가죽), 앞덮이고무, 선혁(앞덮이가죽)을 끼우고, 등줄을 친 후 가죽끈으로 맨다.

이것으로 죽도의 조립이 끝났습니다. 죽도를 조립할 때 사용하는 칼집 가죽이나 가죽끈, 선혁은 가죽의 안쪽이 매끈매끈한 것을 선택하여 사십시오. 3배 이상 오래 쓸 수 있습니다. 등줄의 색은 흰색이나 노랑색이나 보라색이 좋은 것입니다. 코등이는 가죽으로 만든 것이 가장 좋으나, 합성 수지로 되어 있는 경우에는 가죽색에 가까운 색의 코등이를 구하십시오.

죽도는 항상 2개 이상 준비하십시오. 연습 중에 깨졌을 때를 위해서입니다.

● 죽도 만들기(조립 방법)

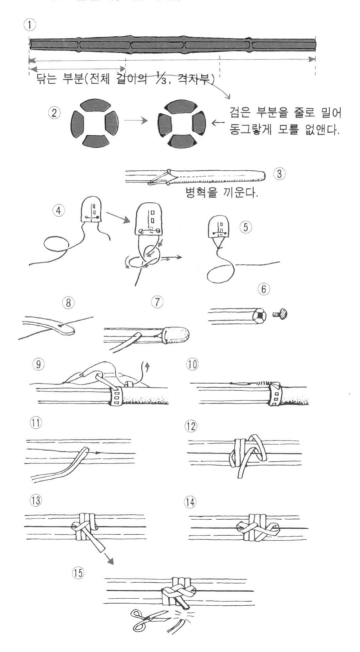

① 닦는 부분(전체 길이의 ⅓, 격자부)

② 검은 부분을 줄로 밀어 동그랗게 모를 없앤다.

③ 병혁을 끼운다.

④

⑤

⑥

⑦

⑧

⑨

⑩

⑪

⑫

⑬

⑭

⑮

6. 검도복은 두껍고 튼튼해야 한다.

죽도의 조립과 손질이 끝났습니까. 어떻습니까. 손에 잡아 보거나 주머니에 넣어 어깨에 걸어 보십시오. 그렇게 하고 거리를 걸어가면 뿌듯한 기분이 들지요. 옛날 사람들은 칼을 자기 생명의 수호신으로 생각하며 소중히 하였습니다. 결코 죽도를 함부로 다루지 않도록 하십시오.

검도가 가진 매력 중의 하나는 검도복에 있습니다. 검도를 시작하는 계기는 가지각색이지만, 멋있는 검도복에 끌렸다는 사람도 많습니다. 검도복은 어떠한 것이 좋을까요.

검도복은 얇은 옷감에 실로 격자 무늬같이 누빈 것과, 유도복과 같이 두껍고 천 전체를 실로 가득히 누빈 것의 두 종류가 있습니다. 검도는 팔꿈치를 맞는 일이 많으므로 안전을 위해서도 두꺼우면서 팔꿈치가 덮이는 것을 고르도록 합시다.

하의는 무명으로 만든 것과, 합성 수지 섬유로 만든 것의 두 종류가 있습니다. 무명으로 된 것은 구겨지기 쉽지만, 땀을 잘 받아들이고 피부에 거부감이 없습니다. 합성 수지 섬유로 된 것은 팔락팔락하여 단정한 맛이 떨어지지만, 구겨지지 않으므로 손질하기가 쉬운 장점이 있습니다. 검도를 시작한 초기에는 합성 수지 섬유로 된 것이 좋고, 단을 따게 된 후에는 무명으로 만든 것이 좋을 것입니다. 다만, 각각의 장단점을 반드시 알아두십시오.

하의는 앞이 **짧고** 뒤는 길게

ㄱ. 하의는 앞이 길고 뒤는 짧게.

검도복이 갖추어졌으면, 이제 입어 보기로 합시다. 그 전에 검도복이 깨끗한지 살펴보는 것이 좋겠지요.

먼저 검도복을 입습니다. 앞깃을 가지런히 모으고, 뒷깃이 목에 바싹 붙도록 입는 것이 중요합니다. 앞깃이 훤히 벌어져 있거나 뒷깃이 벌어져 있으면, 아무래도 단정하지 못한 모습이 됩니다. 또 앞끈은 잊지 말고 반듯하게 나비 매듭으로 매십시오. 만약, 앞끈을 매도 깃이 벌어질 때에는 오른쪽 끈을 다시 달아 깃이 맞도록 합시다.

하의는 앞끈을 허리의 위쪽에 대고 뒤로 돌려서 교차시켜 앞으로 돌리고, 다시 뒤로 돌려서 나비 매듭으로 맵니다. 이때 주의할 점은, 뒤로 돌린 후에 앞으로 온 끈을 아랫배 근처에서 교차시키도록 하는 것입니다.

다음에 뒤끈인데, 먼저 허리판을 허리에 바싹 대고 앞으로 가져옵니다. 그리고, 아랫배 근처에 가져온 앞끈과 맞추어 매고, 남은 끈을 허리 근처로 가져와서 감듯이 끼워 넣습니다.

하의를 보기 좋게 입는 법은 앞자락이 발등에 닿을 듯 말 듯하고, 뒷자락은 복사뼈가 덮이도록 입는 것입니다. 즉, 뒤는 올라가고 앞은 내려오게 입는 것이며, 결코 뒤가 처져 내려오지 않도록 합시다.

좋은 예   나쁜 예

① 앞끈을 허리 위쪽에 대고

② 뒤로 돌려 교차시켜 앞으로 돌리고

③ 뒤끈을 앞에 맨다.

④ 남은 끈을 허리에 끼워 넣는다.

⑤ 하의는 뒤가 올라가게 입는다.

21

복습 1   죽도와 검도복

자, 지금까지 배운 것을 복습합시다. 공부할 때 복습이 중요한 것처럼 검도에서도 마찬가지입니다. 다음 장으로 나가기 전에 반드시 복습하는 것을 잊지 마십시오.

① 죽도를 잡아 봅시다. 알맞은 무게로 느껴집니까?

② 죽도 각 부분의 이름을 모두 알고 있습니까?

③ 검도복을 입는 방법에 익숙해졌습니까. 거울을 보면서 바르게 입는 법을 기억합시다.

④ 검도복을 접는 방법은 어렵지만, 선생님이나 선배들에게서 배우십시오.

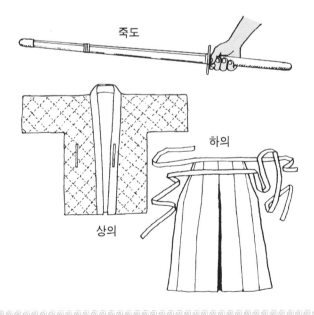

죽도

하의

상의

part

2

검도는 예로 시작하여 예로 끝난다.

1. 검도의 의미와 정신을 배우자.

검도의 기원은 모두 알다시피 칼을 사용하여 전쟁을 치렀던 시대에까지 거슬러 올라갑니다.

그 당시 직접 전쟁에 참가하는 무사들은 한 자루의 칼로 상대방과 싸웠습니다. 지는 것은 곧 죽는 것이었으므로, 그만큼 필사적이었습니다.

비록 전쟁을 하며 상대방의 목숨을 빼앗아야 했지만 생명을 신성하게 여기는 마음이 있었기 때문에 마구잡이로 목숨을 해치지는 않았습니다. 즉, 서로에 대한 존중과 예의를 표현했던 것입니다.

생명을 건 싸움은 동물의 세계에서 그렇듯이 인간에게도 예외 없이 남아 있는 본능입니다. 검도를 배우는 의미는 그러한 동물적 본능을 제어하고 수련하여 보다 고양된 도덕적 심성을 완성시켜 나가는 데 있다고 봅니다. 그러한 의미에서 검도에서는 도덕적 심성을 겉으로 드러내는 '예'의 표현과 실천이 매우 중요시됩니다.

간혹, 시합의 승패에만 지나치게 집착하여 검도 본연의 의미를 잊어버리는 사람들을 볼 수 있는데, 자기 자신을 수련하여 스스로를 극복한다는 검도의 목표를 잊지 말고 항상 되새기며 연습에 임하기를 바랍니다.

▲ 실전을 통하여 진검 승부의 정신을 배우자.

劍道

Part 2

검도는 예로 시작하여 예로 끝난다.

2. 도장에서 지켜야 할 예의를 잊지 말자.

● 도장에서 지켜야 할 예의 ●

"검도는 경례로 시작하여 경례로 끝난다"고 합니다. 마음을 가라앉히고, 가르쳐 주시는 선생님에게 감사하고, 함께 연습하는 친구들에게도 감사하는 마음을 가지고 행동하는 것이 검도를 하는 사람에게는 매우 중요한 것입니다. 그러면 검도의 예의에 대하여 좀더 자세히 설명하겠습니다.

검도를 하는 곳은 도장이든 체육관이든 아주 중요한 장소입니다. 그러므로 출입할 때에는 반드시 경례를 합시다. 도장에 들어가서는 다음 사항에 주의해야 합니다.

① 선생님과 친구들에게 하나 하나 빠짐없이 인사합시다.

② 선생님이 앉는 장소, 선배들이 나란히 앉는 장소는 정해져 있습니다. 상좌, 하좌라고 하는데, 처음에 잘 보고 들어서 확인한 다음에 앉습니다.

③ 큰소리로 떠들거나 말하지 말고, 앞으로 할 연습을 위하여 조용히 마음을 가라앉힙니다.

④ 죽도와 호구(검도구)는 항상 반듯하게 놓고, 결코 타넘거나 던지거나 가지고 놀아서는 안 됩니다.

⑤ 죽도와 호구가 깨어지지 않았는지, 특히 죽도가 쪼개졌거나 거스러미가 나있지 않은지를 점검합니다.

⑥ 호구를 입거나 벗을 때에는 반드시 앉아서 합니다.

⑦ 도장의 청소는 누구보다도 빨리 자진하여 깨끗이 합니다.

26

● 올바른 경례 방법

상호간의 경례

상석에 대한 경례

3. 앉을 때에는 왼발부터, 일어설 때에는 오른발부터.

● 정좌(正座)와 좌례(座禮) ●

검도에서는 앉을 때와 일어설 때의 예절이 정해져 있어서, 앉을 때에는 왼발부터, 일어설 때에는 오른발부터 서는데, '좌좌우립(左座右立)'이라고 합니다.

앉은 자세를 정좌라고 하며, 양 무릎을 가지런히 모으고 주먹하나가 들어갈 정도로 벌립니다. 목은 똑바로 세우고, 턱은 당기고, 양손은 넓적다리 위에 가볍게 손가락을 모아서 놓고, 어깨의힘을 빼고 조용히 앞쪽을 보도록 합니다.

연습 전에 마음을 안정시키기 위하여 묵상이라는 것을 합니다. 손바닥을 위쪽을 향하게 하여 좌우를 겹치고, 엄지손가락을 합쳐 배꼽 앞에 놓고, 조용히 눈을 감습니다. 묵상 후에 "선생님에게 경례", "상호간에 경례"라고 호령하는 사람이 있으므로, 그때마다 절을 합니다.

절을 할 때에는 다음 사항을 지켜서 바르게 해야 합니다.

① 무릎 앞에 양손을 동시에 내면서 손을 팔(八)자형으로 놓습니다.

② 엄지손가락과 집게손가락의 끝을 합쳐서 3각형을 만들고, 그 안에 코끝이 들어가는 느낌으로 절을 합니다.

③ 머리뿐만 아니라 등도 곧게 하여 절을 하는데, 옆에서 보았을 때 머리 – 등 – 허리가 수평이 되도록 자세를 취합니다.

④ 엉덩이가 위로 올라가지 않도록 주의합니다.

⑤ 시간은 약 3초 정도가 좋습니다. 보통 1호흡 정도의 길이라고 도 합니다.

⑥ 끝으로, 절을 한 후에 양손을 동시에 되돌립니다.

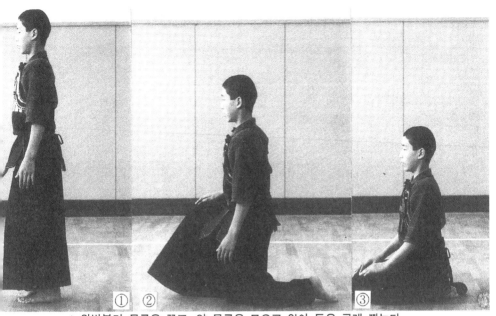

① ② ③

▲ 왼발부터 무릎을 꿇고, 양 무릎을 모으고 앉아 등을 곧게 뻗는다.

앉은 자세

도장에 따라서는 절을 할 때, 좌우의 손을 따로 따로 내밀거나 되돌리거나 하는 곳도 있으므로 거기에 맞춰하면 됩니다.

수평으로 절을 한다.

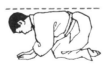

ㄴ. 입례는 자연스럽게 될 수 있을 때까지 연습하자.

● 입례 ●

서서 절을 하는 것을 입례라고 합니다. 입례에는 시합 때 본부석 등의 상석에 대한 절과 상호간에 하는 절이 있습니다. 상석에 대한 절은 허리부터 약 30도 정도 상체를 굽혀 절을 합니다. 상대방과 대련을 할 때에는 상대방의 눈을 보면서 15~20도 정도 굽혀서 절을 합니다. 이제부터 승부한다는 마음을 담아 절을 합니다.

다음에 죽도를 허리에 붙이고, 코등이에 엄지손가락을 대고 오른발부터 크게 세 걸음 나아갑니다. 이때, 등줄이 아래를 향하고 있어야 하므로 주의하십시오. 그리고, 세 걸음째에서 칼을 빼듯이 하여 앞으로 내밀어 자세를 취하면서 웅크려 앉습니다. 이것을 '준거'라고 하는데, 왼발이 오른발보다 약간 뒤로 처져, 오른쪽을 앞으로 내민 형태가 됩니다.(이것은 국제검도연맹에서 취하는 방식이고, 국내에서는 선 자세로 하고 있습니다.) 상대방과의 거리는 죽도의 끝이 닿을 정도이며 떨어져도 10 cm 정도입니다. 죽도가 서로 닿았을 때 등줄은 위를 향하고 있어야 합니다.

이 준거에서부터 연습이나 시합이 시작되는 것입니다. 끝나면 또 준거하여 죽도를 서로 대고 등줄이 아래가 되도록 죽도를 허리에 대고 섭니다. 죽도의 코등이에 엄지손가락을 댄 채로 왼발부터 작게 다섯 걸음 물러서서, 엄지손가락을 코등이에서 떼고, 죽도를 자연스럽게 내려서 잡고 상대방의 눈을 보면서 조용히 절을 합니다. 여러 번 반복하여 입례, 준거를 연습하여 익숙하게 되도록 하십시오.

① 상대방의 눈을 보면서 15~20도 각도로 절을 하고, 죽도는 왼손으로 잡아 허리에 댄다.
② 세 걸음 앞으로 나아가서, 칼을 빼듯이 하여 앞으로 내민다.
③ 조용히 준거한다. 왼발은 약간 오른발보다 뒤로 뺀다.
④ '시작' 이라는 호령에 따라 서서 자세를 취한다.

복습 2　　　　　예절의 중요성

검도는 "예로 시작하여 예로 끝난다"고 합니다. '예'란 어떠한 것일까요. 그것은 사람을 소중히 여기고, 물건을 소중히 여기고, 또한 자기를 소중히 여기는 마음 자세입니다.

검도를 하는 사람 중에 도장에서는 예의를 지켜 행동하고, 밖에 나가서는 함부로 행동하는 사람이 있습니다. 당신은 호구를 자기가 짊어지고 옵니까. 도장이나 학교에서 돌아오는 도중에 군것질을 하지 않습니까. 선생님과 부모님께 바른 경어를 씁니까. 검도를 하는 사람은 일상 생활도 검도의 가르침에 비추어 부끄러움이 없는 행동을 해야 합니다.

▲ 집중력이 생기고 예절을 익히게 된다.

♦ ♦ ♦

3

기본 동작을 몸에 익히자.

1. 올바른 발의 자세를 익히자.

모든 스포츠에서 발의 자세는 매우 중요합니다. 검도는 바닥을 왼발로 차고 오른발을 앞으로 내디디도록 하므로, 그에 알맞은 안정된 발의 자세를 취해야 합니다.

발의 자세는 오른발이 앞, 왼발이 뒤가 되도록 합니다. 또 내디딤이 잘 될 수 있도록 발은 세로로 평행하게 합니다. 안짱다리는 안 됩니다. 왼발과 오른발의 앞뒤 간격은 대체로 오른발의 뒤꿈치 선에 왼발의 발끝이 오는 정도가 좋습니다. 또 몸의 균형을 위하여 발 사이의 간격이 주먹 하나 정도 떨어진 상태가 되도록 합니다.

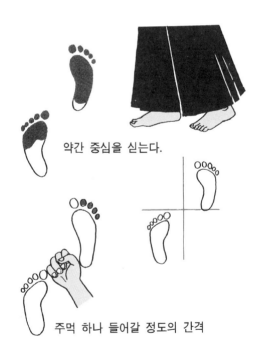

약간 중심을 싣는다.

주먹 하나 들어갈 정도의 간격

▲ 오른발이 앞에 오고 왼발은 뒤꿈치를
올린다.

▲ 양발은 세로로 평행하게 한다.

다음에 뒤꿈치와 발의 역할인데, 왼발은 차는 발이므로 뒤꿈치
가 올라가 있어야 합니다. 또 상대방의 움직임에 따라 심하게 움
직이기 때문에, 오른발의 뒤꿈치도 약간 들고 자세를 취합니다.
자, 발의 자세를 취해 보십시오. 앞쪽으로 너무 기울거나 뒤에 체
중이 실리도록 하지 말고, 양발에 균일하게 체중이 실리도록 하
십시오.

검도에서는 무릎도 매우 중요한 역할을 합니다. 무릎은 뻗거나
굽히지 말고 유연하게 움직이도록 합니다. 힘을 넣지 말고, 허리
를 펴고, 균형잡힌 바른 발의 자세가 되었습니까.

2. '미는발'이 모든 발 동작의 기본이 된다.

검도는 사람을 상대로 싸웁니다. 상대방은 같은 장소에 가만히 있지 않습니다. 맞지 않도록 오른쪽이나 왼쪽, 앞이나 뒤로 움직입니다. 또 상대방은 이쪽이 조금이라도 틈을 보이면 공격해 옵니다. 그렇듯 빠르게 움직이는 상대방을 뒤쫓아가거나, 또는 이쪽이 물러서거나, 오른쪽·왼쪽으로 피하면서 싸우므로, 항상 상대방을 똑바로 향한 가장 좋은 자세로 발의 움직임을 빨리 하여야 합니다.

그래서, 검도에는 몇 가지 기본이 되는 발 동작이 있습니다. 그것은 '미는발'이라고 하며, 발을 바닥에서 들지 않고 미끄러지듯이 매끄럽게 움직이는 것이 기본입니다.

① 걸음발

보통 걸을 때와 같은 걸음법입니다. 다만, 발은 평행이여야 하고, 안짱다리가 되어서는 안 됩니다. 물론 미는발로 빨리 움직입니다.

② 보내기발

검도에서 발의 자세는 오른발이 언제나 앞입니다. 앞으로 나갈 때에는 오른발부터 움직여 오른발이 앞이고 왼발이 그 뒤를 따르는 걸음법입니다. 물러설 때에는 왼발부터이고, 언제나 왼발이 뒤가 되어 오른발이 뒤따르도록 움직입니다.

③ 이음발

오른발이 앞선 자세에서 왼발을 오른발 쪽으로 당기고, 그리고 또 오른발을 내밀면서 왼발을 당기는 걸음법을 말합니다. 하다가 보면, 보내기발과 비슷한 것을 깨닫게 될 것입니다.

④ 벌림발

상대방이 공격해 온 죽도를 피하기 위하여 좌우로 몸을 벌리듯이 움직이는 방법입니다.

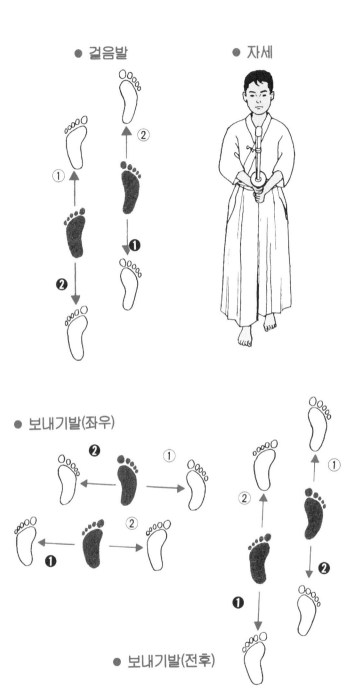

● 걸음발　　● 자세

● 보내기발(좌우)

● 보내기발(전후)

37

Part 3

기본 동작을 몸에 익히자.

● 이음발　　　　　　● 벌림발

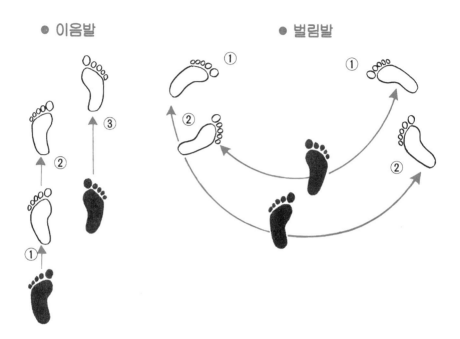

▲ 상대방의 기백에 지지 않는 강한 투지가 중요하다.

3. 죽도는 왼손으로 먼저 잡고 다음에 오른손으로 잡는다.

죽도를 잡는 법은 왼손, 오른손의 순서로 잡습니다. 왼손은 새끼손가락이 손잡이에서 비어져 나올 정도로 잡고, 오른손은 코등이에 가까운 곳을 잡습니다. 어느 쪽도 병혁의 솔기에 집게손가락과 엄지손가락 사이의 주름이 선에 따르도록 잡습니다. 즉, 손목이 훨씬 안쪽으로 들어가듯이 잡는 것입니다.

다음은 오른손과 왼손의 역할인데, 오른손은 머리와 손목, 허리 등 상대방이 치는 장소를 잡는 작용을 하고, 왼손은 그 치기를 강하게 하기 위한 작용을 합니다. 자, 그렇게 잡고 휘둘러 보십시오. 이제 강하게 잡는 것은 왼손이라는 것을 알게 되었습니다.

여러 가지 운동 중에서 막대와 같은 것으로 공을 칠 때에는 종목에 따라 칠 때의 상태에 차이가 있습니다. 골프에서의 클럽을

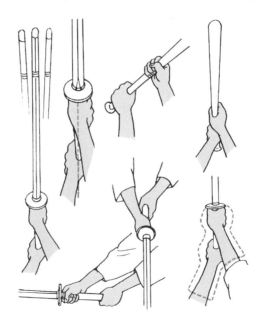

40

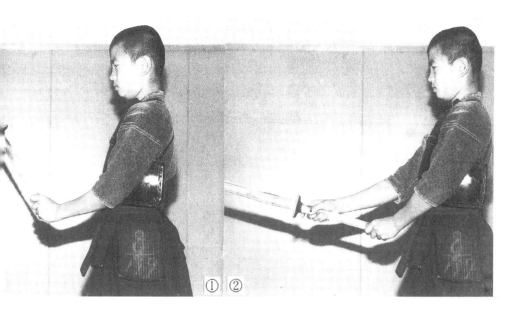

① ②

잡는 법, 야구에서 히트를 노릴 때의 배트의 잡는 법이나 번트를
할 때의 잡는 법 등의 차이, 또 야구나 골프와 같이 한 방향으로
치는 법과, 검도와 같이 머리, 손목, 허리 등 여러 방향으로 치는
것도 차이가 있습니다.
　좌우의 손을 모아 치면, 볼의 경우에는 멀리 날아가고 치는 힘
도 강한 것 같습니다. 야구의 번트와 같이, 좌우의 손을 멀리 떨
어져 잡으면 정확하기는 하지만, 강도는 떨어집니다. 볼은 가까이
에 구르는 것뿐이지요.
　검도에서는 강한 치기와 바른 치기가 중요하므로, 그 양쪽 모
두에 적합한 잡는 법이 만들어졌다고 생각됩니다.

4. 죽도를 잡는 올바른 방법.

죽도는 오른손, 왼손 모두 엄지손가락과 집게손가락의 뿌리 부분 사이가 등줄의 연장 선상, 즉 병혁의 솔기에 오도록 잡습니다. 왼손과 오른손의 사이는 벌리고 잡는데, 잡아 보고 오른손이 너무 뻗어 나오면 약간 당겨서 왼손에 가까워지도록 합시다. 왼손의 새끼손가락과 약지는 칼머리를 꽉 잡고, 중지와 집게손가락과 엄지손가락은 가볍게 잡습니다. 또 오른손은 전체적으로 가볍고 부드럽게 잡습니다.

옛부터 왼손은 "우산을 쓰는 것처럼 잡는다.", 오른손은 "계란이 깨어지지 않게 쥐듯이 잡는다."고 했습니다. 또, 죽도를 강하게 비껴 쳐서 "만약, 오른손이 떨어지더라도 왼손을 놓아서는 안 된다."는 등 왼손, 오른손의 힘을 넣는 정도를 가르치는 말들이 있습니다. 이것은 오른손, 왼손의 힘을 넣는 정도나 잡는 법의 요령을 가르치고 있는 말들이라고 생각됩니다.

죽도를 잡았을 때 죽도에 대한 손목의 각도는 그림과 같이 약 140도 정도로 하여, 결코 직각이 되지 않도록 하는 것이 중요합니다.

다음에, 몸 전체에 대한 왼손의 높이인데, 배꼽보다도 주먹 한 개 정도의 간격을 두고 내리고, 또 주먹 한 개 정도의 간격을 두고 앞으로 내밀도록 하십시오.

죽도를 잡은 자세는 등을 똑바로 세우고, 어깨는 여유있게 하고, 팔꿈치는 유연하게 굽히고, 손목은 안쪽으로 들어가 있는 자세가 좋은 자세입니다.

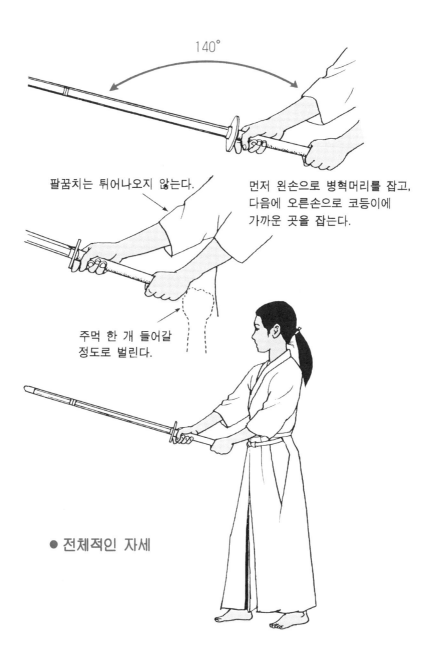

140°

팔꿈치는 튀어나오지 않는다.

먼저 왼손으로 병혁머리를 잡고,
다음에 오른손으로 코등이에
가까운 곳을 잡는다.

주먹 한 개 들어갈
정도로 벌린다.

● 전체적인 자세

5. 죽도의 연장선이 상대방의 목을 겨누어야 한다.

죽도를 잡고 자세를 취하였을 때, 죽도 끝의 높이는 상대방이 자기와 똑같은 정도의 키의 사람인 경우, 상대방의 목보다 약간 낮은 위치가 되어야 합니다. 선혁(칼끝이라고도 함)이 닿을 정도의 위치에 서로 자세를 취하여, 그 죽도의 연장선이 상대의 목을 겨냥하게 됩니다.

다음에는 눈입니다. 죽도를 잡은 자세일 때, 어디를 보면 좋을까요. 치고 싶은 곳을 보면 될까요. 그렇지 않으면 죽도의 끝을 보면 될까요. 치고 싶은 곳을 보면 상대방이 바로 알아차릴 것입니다. 죽도의 끝? 빠르게 공격해 오는 죽도의 끝은 너무 빨라서 볼 수가 없습니다. 끝을 빙글빙글 돌리면 눈이 따라갈 수 없습니다.

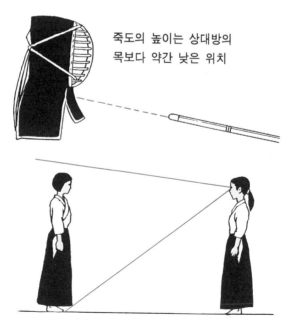

죽도의 높이는 상대방의
목보다 약간 낮은 위치

44

▲ 죽도를 잡은 자세일 때, 죽도 끝의 연장선이 상대방의 목에 가도록 한다.

검도에서는 눈으로 보는 것을 '눈붙임'이라고 합니다. 바른 것은 상대방의 '눈'을 보는 것입니다. 그러나, 눈만으로는 안 됩니다. 상대방의 눈을 중심으로 죽도도 보고, 상대방의 몸 전체를 보아야 합니다.

검도는 진검 승부입니다. 상대방의 눈을 보면서 마음의 움직임을 보아야 합니다. 거꾸로 자기의 마음이 상대방에게 알려져서는 안 됩니다. 자기의 눈은 아무리 괴롭더라도 또 어딘가를 빨리 치고 싶어도, 절대로 상대방에게 알려져서는 안 됩니다. 자기의 눈은 상대방을 조용히 냉철하게 관찰하듯이 봅니다.

자, 어떤 눈이 좋을까요. 크게 눈을 뜨고 보는 것이 좋은가. 그렇지 않으면 실눈이 좋은가. 실은 아무 일도 없었던 때처럼 자연스러운 눈이 좋은 것입니다.

Part 3

劍道

기본 동작을 몸에 익히자.

6. 발의 흐트러짐과 죽도의 흔들림을 없앤다.

자세에 대한 설명은 끝났습니다. 간단한 것 같으면서도 어렵지요. 발 자세에 신경이 쓰이면, 죽도의 자세가 잘 되지 않습니다. 죽도에 신경을 쓰면 눈이 잘 안 되지요. 여기서 다시 한 번 복습을 하므로, 착실히 연습하십시오.

- 발 자세를 확실히 합시다. 안짱다리가 되어 있지 않습니까. 뒤 꿈치는 들고 있습니까.
- 무릎에 힘이 들어가 있지 않습니까. 체중은 양발에 균등하게 실려 있습니까.
- 어깨의 힘을 빼고, 팔꿈치를 뻗지 말고, 왼손은 배꼽 아래 주먹 한 개 정도 떨어진 곳에 있습니까.
- 손목은 안쪽으로 들어가 있습니까.
- 죽도 끝의 높이는 알맞습니까.
- 눈은 어디를 보고 있습니까.

아무리 키가 작아도, 아무리 강한 상대를 맞나도, 상대방을 내려다보는 마음을 소중히 하십시오. 또 얼굴색도 변하지 말고, 여유있게 그리고 '한다'는 마음을 가지고 자세를 취합시다.

지금 취하고 있는 자세가 '중단세'라는, 검도에서는 중심이 되는 자세입니다. 그 자세로 조용히 '걸음발'을 해 보십시오. 다음에 '보내기발'을 해 보십시오. 앞, 앞, 뒤, 뒤를 반복하고, 또 오른쪽, 왼쪽으로 벌려 보십시오.

죽도를 잡은 자세의 움직임을 '몸동작'이라고 합니다. 이때, 죽도가 흔들리지 않는지, 발이 흐트러지지 않는지, 움직일 때마다 몸이 상하로 흔들리지 않는지 확인해 보십시오.

● 걸음발

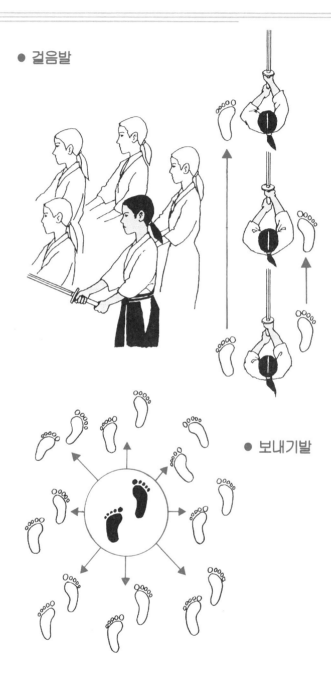

● 보내기발

7. 거울을 보면서 연습하자.

중단세도 확실히 할 수 있고, 몸동작도 잘할 수 있게 되었다면, 이제부터 죽도로 치는 연습으로 들어갑니다. 죽도로 치는 것을 '격자'라고 하고, 크게 나누어 위나 아래로 치는 '상하격자'와 비스듬히 치는 '비스듬격자'가 있습니다. 더 자세히 나누면 7종 류가 있으며, 이제 각각 자세히 설명하겠습니다.

① 상하격자

상하격자는 죽도를 세로로 치는 동작입니다. 될 수 있는 대로 크게 뒤로 올려서 바닥에 닿을까 말까 할 정도까지 내려칩니다. 거울을 보면서 연습하면 잘못된 점을 잘 알 수 있습니다. 들어 올려서 내려칠 때, 죽도가 조금이라도 비스듬히 되어 서는 안 됩니다. 나쁜 버릇 이 들지 않도록 주의하십 시오.

- 중단으로 자세를 취하 였을 때와 들어 올렸을 때의 손가락 잡는 법이 흐트러져서는 안 됩니 다. 들어 올렸을 때 새 끼손가락이 죽도에서 떨어져서는 안 되는 것 입니다.
- 중단으로 자세를 취하

▲ '격자'는 거울을 보면서 한다.

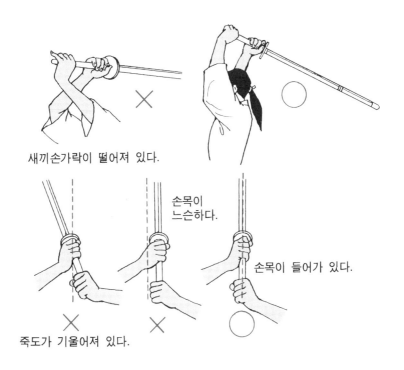

새끼손가락이 떨어져 있다.

손목이
느슨하다.

손목이 들어가 있다.

죽도가 기울어져 있다.

였을 때, 손가락에 힘을 넣는 법이 너무 흐트러져서는 안 됩니다. 특히 왼손의 새끼손가락과 약지는 들어 올렸을 때 죽도에서 떨어져서는 안 됩니다. 왼손으로 꽉 잡고 내려치십시오.

● 격자를 여러 번 하게 되면 피로해집니다. 죽도 끝이 오른쪽으로 치우쳐 있지 않습니까. 오른손잡이인 사람은 오른손이 강하므로 자칫 오른쪽으로 당겨집니다. 이 점을 주의하십시오.

8. 전진 · 후퇴를 조합한다.

상하격자에 발동작(몸동작)을 함께 연습합시다. 특히, 보내기발로 전진·후퇴를 반복하여 해 봅시다. 이 동작이 격자와 리듬이 맞아서 이 동작을 자연스럽게 할 수 있게 되면, 다음에는 정면격자입니다.

② 정면격자

격자 중에서 가장 많이 하는 방법입니다. 정면격자에서 나쁜 버릇이 들면 실력 향상에 많은 지장을 줍니다.

● 먼저 중단으로 자세를 취한 후, 상하격자와 같이 죽도를 들어 올립니다. 다만, 상하격자와는 달리, 죽도를 높이 들어 올리지 않아도 됩니다. 죽도를 들어 올렸을 때, 왼손의 아래로 상대방을 치는 부위가 보일 정도가 좋습니다.

● 들어 올렸으면, 상대방의 머리를 치듯이 내려칩니다.

● 내려칠 때, 상하격자처럼 아래까지는 내려치지 않습니다. 상대방의 머리 높이이므로 오른손은 어깨 높이, 왼손은 가슴 높이에서 멈추도록 하십시오.

● 멈춘 순간, 오른손과 왼손을 다시 안쪽으로 꽉 조

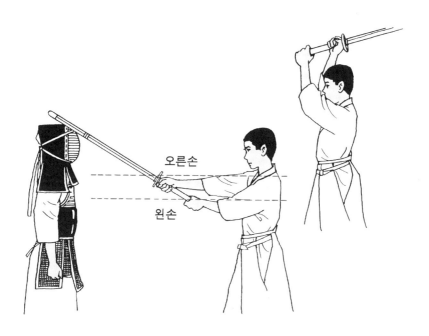

오른손

왼손

입니다. 조이는 정도에 따라 치는 느낌이 상당히 다르므로, 잘 연습하여 주십시오.

● 단, 언제까지나 힘을 넣고 있어서는 안 됩니다. 곧 또 들어 올려 계속하십시오. 초보자라도 200회, 점점 익숙해지면 500회 정도는 내려칠 수 있도록 연습합시다.

ㄱ: 오른쪽 손목을 겨냥한 격자.

격자는 보통 정면격자를 많이 하는데, 손목, 머리, 허리 등 격자 장소를 바꾸어 치는 것도 연습해야 합니다. 손목치기는 상대방의 오른손목을 친다고 생각하고 내려칩니다.

③ 손목격자

- 죽도를 쳐들었을 때에는 상대방의 오른손목의 위치가 자신의 왼손 아래로 보일 정도로 죽도를 들어 올립니다.
- 손목을 유연하게 사용하여 회초리로 때리듯이 내려칩니다.
- 양손을 뻗어서 죽도가 수평이 되는 곳까지 내려치고, 손의 안쪽에서 꽉 조입니다.
- 손목은 머리와는 달라서 낮은 위치에 있으므로, 내려쳤을 때에는 몸이 앞으로 기울어지기 쉽습니다. 그러므로, 앞으로 기울어지지 않도록 주의하여, 똑바른 자세로 내려치십시오.

죽도가 수평으로 되는
곳에서 멈춘다.

① ②

▲ 손목을 사용하여 내려치고, 죽도가 수평으로 된 곳에서 꽉 죄면서 멈춘다.

④ 준거도약격자

발과 허리를 단련하기 위하여 하는 격자입니다.

● 손은 정면격자의 방법으로 내려칩니다. 몸은 웅크렸다가 토끼뛰기처럼 깡총깡총 뛰면서 박자를 맞춰 내려칩니다.

이 방법은 무릎이 약한 사람이나 무릎에 병이 있는 사람에게는 좋지 않습니다. 또 이제부터 점점 몸이 성장하는 시기에 있는 사람들은 무릎 부상을 당하게 될지도 모릅니다. 여기서는 이러한 격자 방법도 있다는 것을 알기만 하고, 많이 하지 않는 것이 좋을 것입니다.

● 준거 도약 격자

① 준거의 자세로 죽도를 쳐들어

② 도약하면서 정면격자를 한다.

③ 팔은 정면격자와 같이 뻗는다.

④ 또 도약하면서 쳐든다.

⑤ 크게 내려치고 또 정면격자를
한다. 도약은 쳐들 때 1회,
내려칠 때 1회라는 식으로 죽
도의 상하로 2회 도약하면 리
듬이 맞는다. 매우 힘든 동작
이므로 너무 많이 하면 무릎
에 좋지 않다.

Part 3

劍 道

기본 동작을 몸에 익히자.

1ㅁ. 큰 나무를 비스듬히 자르는 느낌으로.

⑤ 상하 비스듬격자

큰 나무를 비스듬히 자른다는 생각으로 내려칩니다.

- 상하격자처럼 크게 똑바로 쳐들어, 내려칠 때에 비스듬히 오른쪽이나 왼쪽으로 내려칩니다.
- 비스듬히 내려칠 때, 진검이라면 칼날이 자르는 방향을 향하고 있어야 합니다. 이것을 '바른 칼날줄' 이라고 합니다. 죽도도 똑같이 등줄의 반대쪽이 칼날줄에 해당하므로, 칼로 자르는 마음으로 바르게 내려칩니다.
- 자세가 앞으로 기울어지지 않도록 주의하십시오.

● 좌우머리 비스듬격자의 각도

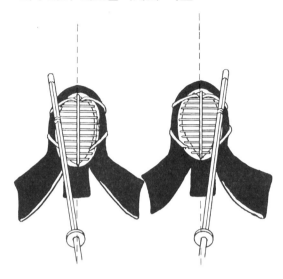

● 발동작은 '보내기발'로 전진·후퇴를 반복하고, 또 '벌림발'로 몸을 좌·우로 벌리면서 합니다.

⑥ **좌우머리 비스듬격자**

정면격자는 상대방의 머리의 한복판을 치도록 하지만, 좌우머리 비스듬격자는 머리를 비스듬히 치는 격자입니다.

● 죽도는 똑바로 쳐들지만, 내려칠 때에 비스듬히 45~60도 정도의 각도로 내려쳐서, 상대방의 왼쪽 또는 오른쪽 머리를 치도록 합니다.

● 내려쳤을 때에, 왼손이 몸의 중앙에 있는 것이 중요합니다.

● 정면격자와 똑같이 오른손은 어깨 높이, 왼손은 가슴 높이에서 멈추고 손의 안쪽을 꼭 조입니다.

● 칼날줄이 역시 비스듬히 향하고 있는 것이 중요합니다.

11. 손목을 유연하게 하여 허리를 친다.

⑦ 좌우허리 비스듬격자

상하 비스듬격자와 똑같은 방법으로 상대방 좌·우의 허리를 내려칩니다. 보통 허리를 칠 때에는 상대방의 오른쪽 허리를 칩니다. 그러나, 왼쪽 허리를 치는 연습도 하면서, 손목을 유연하게 돌리는 연습을 합시다.

- 죽도를 쳐들 때에는 똑바로 쳐들지만, 내려칠 때에는 비스듬히 45도 정도의 각도로 내려칩니다.
- 오른손은 손등이 위로 향할 정도로 손목을 넣습니다. 왼손은 배꼽 앞에 멈춥니다.
- 허리를 치는 장소는 허리의 위쪽 즉, 옆구리이므로 틀리지 않도록 합시다. 겨드랑이도 아니고 허도 아닙니다.

공간치기는 검도의 기본이고 가장 중요하다고 합니다. 또 공간치기는 매일 해야 하고, 유단자가 되어도 잊어서는 안 되는 기본이라고도 합니다. 검도를 오랫동안 한 사람도 자기의 검도가 잘 늘지 않게 되었을 때, 즉 슬럼프에 빠졌을 때에 공간치기를 하며, 조용히 처음 배우기 시작하던 무렵을 회상하여 잘못된 점을 바로잡는 경우가 많습니다.

이 공간치기에서 가장 중요한 것은 잘못된 습관이 들지 않고 크게 내려칠 수 있도록 하는 것입니다. 지금까지의 설명을 잘 기억하여 중요한 것은 착실히 배우도록 하십시오.

◀ 비스듬히 45도 각도로 내려치
고, 상대방의 옆구리를 겨냥
하여 친다. 왼손 주먹을 배꼽
앞에서 멈추고, 우, 좌, 우,
좌의 순서로 계속하여 친다.

복습 3 　나쁜 버릇은 빨리 고치자

　검도에서도 처음 배우는 단계에서 기본을 바르게 몸에 익히지 않은 사람은 향상이 느리거나, 나쁜 버릇이 들게 됩니다. 나쁜 버릇이 일단 몸에 배면 좀처럼 고쳐지지 않습니다.

① 발의 자세가 '안짱다리'가 되었거나, 왼발의 뒤꿈치가 바닥에 붙지 않습니까.

② 자세를 취했을 때, 왼손 쪽이 느슨하고, 엄지손가락의 끝이 아래를 향하고 있지는 않습니까.

③ 죽도를 쳐들었을 때, 왼손의 새끼손가락과 약지가 죽도에서 떨어지지 않습니까.

④ 정면격자시에 오른손이 어깨 높이, 왼손이 가슴 높이에서 멈추어집니까.

⑤ 왼손의 주먹은 언제나 정중선을 지나고 있습니까.

⑥ 비스듬격자의 각도는 왼쪽이나 오른쪽이 같게 되어 있습니까.

▶ 나쁜 버릇은 빨리 고치자.

part

♦ ♦ ♦ ♦

4

호구(護具)

1. 호구는 자기 몸에 맞는 것을 선택하자.

● 호구의 선택법 ●

검도를 시작하여 기본이 되는 동작은 대체로 공부하였습니다. 빨리 호면이나 갑을 착용하고 싶겠지요. 호면, 호완, 갑, 갑상을 통틀어 '호구'라고 합니다. 호구를 구입할 때에는 다음 사항에 주의합시다.

- 호면은 자기 얼굴에 꼭 맞는 것을 선택할 것. 헐렁헐렁한 것은 좋지 않습니다.
- 갑도 몸에 맞는 것이어야 하고, 너무 커서는 안 되나, 몸에 너무 꼭 끼는 것도 좋지 않습니다.
- 호완은 가장 망가지기 쉬운 것이지만 너무 싼 것은 좋지 않습니다. 호완의 손 부분 안쪽이나 주먹 부분에 가죽을 사용한 것이 좋은 것입니다. 이것도 너무 크지도 않고, 너무·작지도 않는 것을 골라야 합니다.
- 갑상은 갑에 붙어있는 같은 제품의 것이 좋으리라고 생각됩니다.

초등학생용의 호구는 대개 세트로 되어 있으나, 주의 사항을 반드시 지켜서 호구를 선택해야 합니다. 또 호구를 살 때, 호구를 넣는 호구포대도 사면 운반에 편리합니다.

다른 사람으로부터 호구를 양도받았을 때에는 반드시 알콜 등으로 호면의 안쪽 등 얼굴이 닿는 부분을 닦아서 소독하여 사용하십시오. 검도의 호구는 땀을 잘 빨아들이기 때문에 장마철이나 비가 많이 오는 계절에는 잘 마르지 않습니다. 바람이 잘 통하고 습기가 없는 곳에 보관하도록 하십시오.

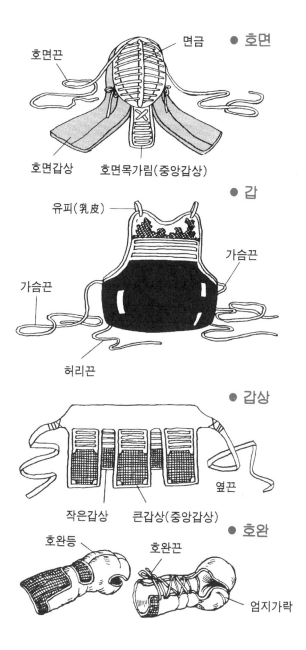

● 호면

면금

호면끈

호면갑상   호면목가림(중앙갑상)

● 갑

유피(乳皮)

가슴끈

가슴끈

허리끈

● 갑상

옆끈

작은갑상   큰갑상(중앙갑상)

● 호완

호완등   호완끈

엄지가락

63

ㄹ. 호구의 착용법을 배워 보자.

●호구의 착용법●

검도의 호구는 처음에는 자기가 착용하기 쉽도록 놓습니다. 호구는 연습이나 시합 때 몸을 안전하게 보호해 주는 중요한 역할을 하는 것으로, 옛날 무사들이 사용한 갑옷이나 투구를 참고로 하여 만들어졌습니다.

검도를 하는 사람은 죽도나 목검을 소중히 하는 것과 똑같이 호구를 바르고 소중히 다루어야 합니다. 결코 선 채로 착용하거나, 호완으로 권투하는 흉내를 내거나, 던지거나 해서는 안 됩니다. 호구를 함부로 다루는 사람은 검도를 할 자격이 없습니다.

① 갑상을 착용한다.

큰 3매의 갑상이 있는 쪽이 겉입니다. 겉과 안이 틀리지 않게 갑상의 옆끈을 뒤에서 교차시켜 앞으로 가져 와서, 중앙의 갑상 아래에서 나비 매듭으로 맵니다. 뒤에서 교차시킬 때에는 세게 조이도록 합니다. 느슨하여 풀어지면 보기 싫습니다.

● 갑상의 착용법

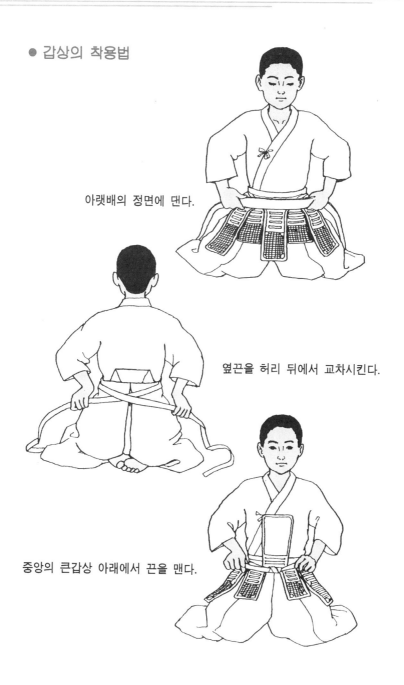

아랫배의 정면에 댄다.

옆끈을 허리 뒤에서 교차시킨다.

중앙의 큰갑상 아래에서 끈을 맨다.

65

劍 道

호구(護具)

② 갑을 착용하자.

갑은 유피를 위로 하여 착용합니다. 허리끈의 긴 쪽을 뒤에서 ×자로 하여 오른쪽의 것은 왼쪽으로, 왼쪽의 것은 오른쪽으로 가져 와서 유피에 꿰도록 합니다. 2개를 각각 쥔 다음에 뒤에서 매는 '에이프런(앞치마) 매듭'과 유피 가까이에서 그림과 같이 매는 '갑옷 매듭'이 있습니다.

초등학생인 경우에는 에이프런 매듭이라도 좋겠으나, 중학생 이상이 되면 갑옷 매듭으로 매도록 합시다. 그리고, 갑의 아래(허리)끈은 반드시 나비 매듭으로 매십시오.

● 갑의 착용법

● 갑끈을 매는 법

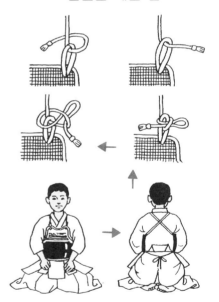

▲ 호면은 이마나 턱이
꼭 맞게 닿도록 쓴다.
◀ 호완은 왼손, 오른손
의 순서로 낀다.

67

3. 호면을 쓰기 전에 수건을 쓴다.

●수건을 쓴다●

갑상과 갑을 착용한 다음에는 호면을 씁니다. 머리에는 땀이 많이 납니다. 따라서 그대로 호면을 쓰면 호면 속이 쉽게 더러워지므로, 호면을 쓰기 전에 수건을 씁니다. 땀받이와 더러움 방지를 위해서입니다. 쓰는 법에는 세 가지 방법이 있지만, 어떤 방법이라도 좋습니다.

① 앞쪽에서 쓰다듬어 올리듯이 뒤로 가져가서, 머리 뒤에서 걸치듯이 앞으로 가져와서, 얼굴 앞에서 합쳐서 위로 올립니다. 이때 주의할 점은 눈썹이 덮이지 않도록 이마의 머리카락 난 곳까지 올릴 것과 뒤에 3각의 꼬리가 나오지 않도록 접어넣는 것입니다.

② 다음의 방법은 얼굴을 덮고 앞에서 뒤로 돌려 머리 전부를 싸고, 합쳐서 수건의 끝을 이마에서 작게 매고, 얼굴을 덮고 있는 부분을 위로 올리는 방법입니다. 이때, 이마의 매듭이 크면 호면에 부딪쳐 아프므로, 작게 매십시오.

③ 세 번째 방법은 현재 중학생이나 고등학생들이 많이 하고 있는 방법입니다. 수건을 세로로 반을 접어 옷의 깃처럼 양끝을 비스듬히 앞으로 접은 다음에 안쪽으로 접어 넣습니다. 마치 사다리꼴의 모자와 같이 되는데, 그것을 머리에 씁니다.

이것으로 세 가지 방법을 설명하였습니다. 수건을 쓴 다음에는 손으로 잘 쓰다듬어 머리에 바싹 붙도록 하여, 연습 중에 호면 안에서 미끄러져 내려오지 않도록 해야 합니다.

● 수건을 쓰는 법

①

①

②

②

③

③

④

④

ㄴ. 호면은 상대방을 볼 수 있도록 써야 한다.

●호면을 쓴다●

수건을 쓴 다음에야 비로소 호면을 씁니다. 호면을 쓸 때에는 다음 사항에 주의하십시오.

① 이마와 턱이 안쪽에 꼭 닿도록 쓸 것.

② 끈이 조이거나 겹쳐지지 않도록 맬 것.

③ 호면의 쇠살이 눈앞 부분에서 넓어지는 부분이 있는데, 거기로 상대방을 볼 수 있도록 씁니다.

④ 호면끈을 뒤에서 매었을 때, 매듭에서 끈의 끝까지 40 cm의 길이가 되도록 맞춥니다.

⑤ 호면을 쓰면 귀 뒤쪽에서 손을 넣어 약간 벌려, 만약에 귀를 맞아도 고막이 다치지 않도록 틈새를 만들어 줍니다.

맨 나중에 착용하는 것이 호완입니다. 호완은 왼쪽을 먼저 끼고 오른쪽을 그 다음에 낍니다. 호완은 안쪽을 끈으로 엮어 놓았는데, 이것은 꼭 알맞은 길이로 엮어져 있습니다. 이 끈을 죄어서 손목에 꽉 끼이도록 하는 사람이 있는데, 맞게 되면 아프므로 끈을 꽉 조이게 매지 말고 틈새가 있도록 하는 것이 좋습니다.

호완을 착용하면 처음에는 딱딱하여 죽도를 쥐기가 어려우나, 차츰 부드러워져서 사용하기 쉬워집니다. 무리하게 부드럽게 하려고 하면 망가지기 쉬우므로 주의합시다. 그리고, 절대로 권투하는 흉내를 내지 말고 소중히 다루도록 합시다.

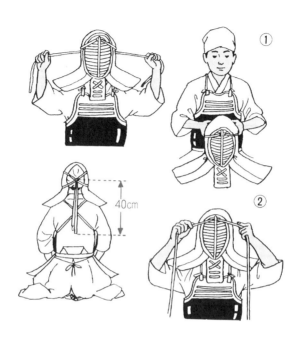

①

②

40cm

호완은 왼손, 오른손의
순서로 낀다.

剣 道

5. 호구는 단정하게 정좌하여 벗는다.

●호구의 벗는 법과 보관법●

연습이 끝난 후, 호구의 보관법을 모르면, 소중한 호구가 빨리 못 쓰게 되어 버립니다. 호구를 벗을 때에는 착용하였을 때와 똑같이 앉아서 조용히 벗습니다.

먼저 오른쪽 호완을, 그 다음에 왼쪽 호완을 벗습니다. 다음에 호면을 벗어서 그 위에 놓고, 수건을 벗어서 호면 속의 땀과 호완 속의 땀을 닦은 후, 호완 위에 호면을 얹어 놓습니다. 그 후 묵상과 좌례가 있고, 각각 인사가 끝나면 갑을 벗고, 마지막에 갑상을 벗습니다.

호구를 벗을 때에는 단정하게 정좌하여 벗어야 합니다. 선 채로 벗거나, 책상다리를 하고 앉아서 벗거나, 발을 뻗고 벗는 일이 없도록 합시다. 또 연습 중에는 땀이 납니다. 호면을 벗은 후 수건으로 먼저 자기 얼굴의 땀을 닦는 사람이 있는데, 호구를 소중히 하는 의미에서 호면과 호완의 땀을 먼저 닦은 다음에 자기 얼굴의 땀을 닦는 것이 순서일 것입니다.

호구를 벗으면 갑 위에 갑상을 뒤집어서 놓고, 갑끈과

▲ 호구를 벗을 때에는 단정하게 정좌하여 벗는다.

호구는
소중히!

호면을 벗으면 즉시 호면 속의
땀을 닦아내는 습관을 기르자.

갑상의 끈으로 묶어서, 호면과 호완을 갑 속에 넣습니다. 땀에 젖은 호구에 곰팡이가 생기지 않도록 마르기 쉬운 곳에 간수하십시오.

　도복의 상의와 하의도 반듯하게 접어서 보관합시다. 집에 가지고 돌아갈 때에는 호구포대에 넣어 가지고 갑니까? 집에 돌아가면 바람이 잘 통하는 곳에 놓아 마르게 한 다음에 호구포대에 넣어 둡시다.

복습 4   호구의 바른 사용법

호구를 구입했으면 다음 사항에 주의하십시오.

① 호완의 끈은 풀리기 쉽게 되어 있습니다. 단단히 조여서 간단
히 풀리지 않도록 해두고, 끈 끝이 풀리지 않도록 합니다.

② 갑끈과 호면끈이 풀려서 나중에는 퍼석퍼석하게 됩니다. 끈
의 끝에서 2~3 cm 되는 곳에 실로 조여져 있으나, 다시 한
번 더 보강하여 두면 좋을 것입니다.

③ 갑상의 띠(끈)는 얼마 지나면 둥글게 되어 끈처럼 되고, 또
매듭이 생기는 일도 있습니다. 사용한 후에는 반듯하게 펴서
꼬이지 않도록 합시다.

④ 호면끈을 매었을 때 뒤의 매듭은 후두부의 튀어나온 곳 아래
에 오도록 합니다.

⑤ 수건은 호면 속에 보이지 않을 정도로 이마 위쪽에 쓰면 미
끄러져 내려오지 않습니다.

 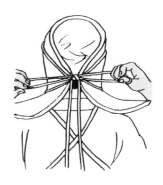

5

기본 격자

1. 검도에서는 격자 부위가 정해져 있다.

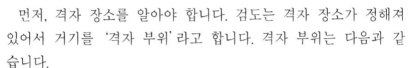

호구의 착용법과 보관법도 배웠습니다. 이제부터 호구를 착용하고 연습으로 들어갑니다.

먼저, 격자 장소를 알아야 합니다. 검도는 격자 장소가 정해져 있어서 거기를 '격자 부위'라고 합니다. 격자 부위는 다음과 같습니다.

① 머리에서는 정면, 오른쪽머리, 왼쪽머리의 3가지입니다.

② 찌르기는 호면 아래에 달려 있는 '호면목가림'을 찌르기 부위라고 합니다.

③ 허리는 우허리와 좌허리인데, 처음에는 우허리치기를 중심으로 배웁니다.

④ 손목은 중단세의 상대방에 대하여는 오른손목, 상단세를 취한 상대방에 대하여는 왼손목을 쳐도 좋도록 되어 있습니다.

그리고 상단세의 상대방에 대하여는 초등·중등학생은 '찌르기'는 허용되어 있지 않으나, 상대방 갑의 가슴끈 부분을 찔러도 좋다고 정해져 있습니다.

이상이 격자 부위인데, 이 곳 이외의 곳을 치면 시합에서는 '한판'이 되지 않습니다.

호구에 격자 부위가 있듯이, 죽도에는 '격자부'라는 부분이 있습니다. 이것은 죽도의 코등이부터 죽도 끝까지의 길이의 3분의 1정도인데, 그 중에서도 등줄의 반대쪽을 말합니다. 등줄의 반대쪽이란 칼날 부분을 말합니다. 검도에서는 격자 부위를 죽도의 격자부로 정확히 치면 '한판'으로 인정됩니다.

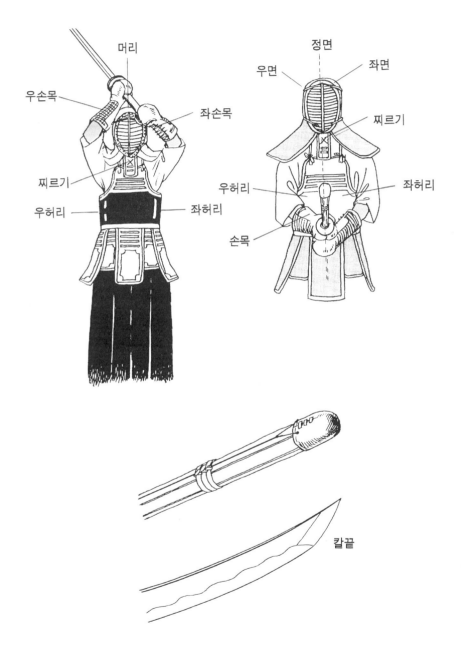

머리

우손목

좌손목

찌르기

우허리

좌허리

정면

우면

좌면

찌르기

우허리

좌허리

손목

칼끝

劍 道

2. 정면격자가 모든 격자의 기본이 된다.

●정면격자●

정면격자는 죽도의 '격자부'로 머리를 똑바로 치는 것인데, 호면의 쇠부분을 치는 것이 아니라, 그 뒤에 붙어 있는 호면포를 정확히 때리도록 연습하십시오. 이 정면격자는 검도의 치기법에서 가장 중요한 기술입니다. 또 시합 등에서도 가장 많이 사용되고, '한판'이 되는 일이 가장 많은 기술인데, 이 기술이 서투른 사람은 다른 기술도 늘지 않는다고 합니다. 착실히 연습하십시오.

정면격자는 중단세에서 죽도를 크게 쳐들어 큰 기합과 함께 왼발로 바닥을 차면서 오른발을 내딛고 상대방의 정면을 죽도의 격자부로 강하게 내려칩니다. 친 다음에는 그 자세로 전진하는데, 처음에는 잘 칠 수 없으므로, 다음의 순서로 연습하도록 합니다.

먼저, 상대방에게 접근하여 죽도의 격자부를 호면 위에 얹어 놓습니다. 물론 오른손은 어깨 높이, 왼손은 가슴 높이로 합니다. 그 자세로 움직이지 않고 쳐들어서 치는 동작을 반복하여 연습합니다. 칠 때에는 좌우의 손바닥을 순간적으로 꽉 조이면 좋은 격자가 됩니다.

▲ 큰 기합과 함께 친다.

● 정면격자

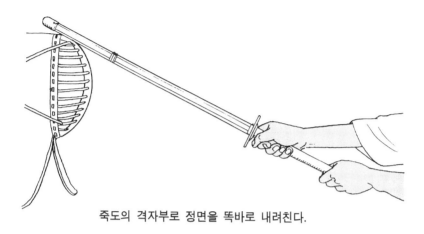

죽도의 격자부로 정면을 똑바로 내려친다.

죽도를 똑바로 쳐들어 정면을 친 다음에 죽도가 좌우로 흘러내리지 않고 '탁'하는 소리가 나면, 조금 물러섰다가 다시 전진하면서 칩니다. 차츰 익숙해지면, 죽도의 선혁이 닿는 위치까지 물러섰다가 한 걸음 전진하면서 죽도를 쳐들어 바닥을 차고 정면을 치도록 연습합시다.

劍 道

Part 5

기본 격자

⊐. 오른손은 어깨, 왼손은 가슴 높이.

●정면격자에서 주의할 점●

정면격자는 검도에서 가장 중요한 격자법입니다. 단번에 잘하려고 서두르지 마십시오. 죽도의 '격자부'로 칠 수 있도록 계속해서 연습합시다. 처음부터 떨어진 곳에서 내려치면 치려고 하는 마음만 앞서서, 팔이나 죽도만 앞으로 나가고 발이 뒤따라 주지 않습니다. 발이나 허리가 앞으로 나와서 자연스럽게 죽도가 머리를 치는 것이 가장 좋은 격자법입니다.

그리고, 조금씩 물러서서 자연스럽게 발이 바닥을 차고, 자세가 흐트러지지 않고 머리를 칠 수 있도록 연습하십시오. 떨어져서 칠 수 있게 되면 다음 사항을 할 수 있도록 노력합시다.

- 상대방의 죽도와 선혁이 닿을 정도로 떨어져서 중단세를 취합니다. 이것을 '일족일도(一足一刀)의 자세'라고 합니다. 여기서 상대방이 무서워할 정도의 큰소리로 '야'라고 기합을 넣고, 중단세로 오른발부터 한 걸음 내딛으며 즉시 죽도를 쳐듭니다.
- 쳐든 다음에 즉시 '머리'라고 큰소리를 지름과 동시에 왼발로 바닥을 차고 오른발을 앞으로 내디디면서 정면을 내려칩니다.
- 오른손은 어깨, 왼손은 가슴 높이로 되어 있습니까. 내려치는 순간 손바닥을 조였습니까. 그 자세로 죽도를 더 앞으로 내밀듯이 하면서 오른발 앞으로의 보내기발로 전진합니다.
- 내려친 후 속도를 늦추지 말고 전진하였다가 뒤돌아서서 죽도의 끝이 닿을 정도의 위치에서 중단세를 취합니다.

◀ 오른손은 어깨,
  왼손은 가슴 높이로.

① 상대방의 중심을 공격할 수 있도록
　보내기발로 일족일도의 자세로 한 걸
　음 내딛고,
② 재빨리 죽도를 쳐든다.
③ 이때 죽도가 옆으로 기울지 않도록
　한다.

④ 쳐들어 올린 팔 아래로 목표의 머리
　를 잘 보고,
⑤ 왼발로 바닥을 차면서
⑥ 오른발을 내딛고 머리를 내려친다.

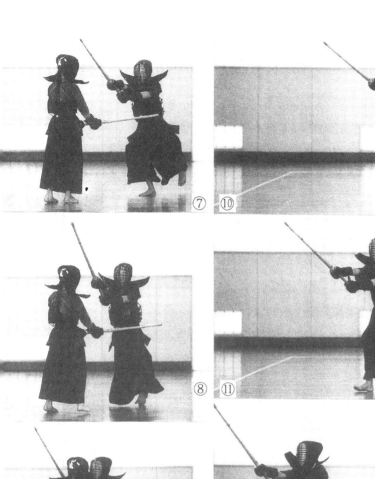

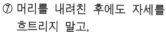

⑦ 머리를 내려친 후에도 자세를
　흐트리지 말고,
⑧ 양팔을 더 뻗어서
⑨ 똑바로 보내기발로 전진한다.

⑩ 맞은 상대방은 오른쪽으로 몸을 피하
　여
⑪ 격자한 상대방이 똑바로 전진할 수
　있도록 한다.
⑫ 일족일도의 자세를 취할 수 있을 만
　큼 전진한다.

83

ㄴ. 한 걸음 내딛고 칠 수 있는 거리를 확보한다.

● 알맞은 간격 ●

상대방과의 거리를 '알맞은 간격'이라고 합니다. 상대방과의 거리가 가까우면 자기도 치기 쉽지만, 상대방도 치기 쉬운 상태가 됩니다. 반대로 거리가 너무 멀면 상대방으로부터 맞지 않지만, 자기도 멀어서 치기 어렵습니다.

자기는 치기 쉽고, 상대방은 치기 어려운 거리에 있는 것이 가장 좋겠지만, 그것이 어려운 점입니다. 상대의 키에 따라서도 알맞은 거리는 달라집니다. 검도에서는 이 알맞은 거리를 찾아내는 것이 중요합니다.

● 일족일도의 알맞은 간격 ●

꼭 알맞은 거리는 한 걸음 전진하여 칠 수 있는 거리입니다. 그러나, 사람에 따라 발의 차이나 팔의 길이, 키, 체중의 차이도 있으므로 정확히 정할 수는 없습니다. 검도에서는 한 걸음 전진하여 상대방을 칠 수 있는 거리를 '일족일도의 알맞은 간격'이라고 합니다.

● 기검체의 일치 ●

기합이 몸안에 꽉 차서 '야', '머리'라는 큰소리와 동시에 바닥을 차고, 앞으로 내딛어 상대방의 머리를

▲ 한 걸음 내딛고 칠 수 있는 알맞은 거리를 '일족일도의 알맞은 간격' 이라고
한다.

내려칩니다. 검도에서는 이 '기합' 과 '죽도' 와 '몸의 내디딤' 이
충분하고 동시에 이루어지는 것을 '기검체의 일치' 라고 합니다.
이것이 되지 않으면 '한판' 으로 인정되지 않습니다.

오른발의 내디딤은 바닥을 밟는 것이 아니라, 모터 보트가 수
면에서 조금 떠올라 수면을 스치며 나가듯이 내디딥니다. 친 후
에도 자세가 흐트러져서는 안 됩니다.

5· 손목치기는 상대방의 눈을 보면서 한다.

●손목치기●

머리치기에서 죽도를 움직이는 법, 왼발의 차는 법, 오른발의 내디딤법, 그리고 기합 등 '기검체의 일치'라는 말로 치는 방법을 알았으리라고 생각됩니다. 이것은 이제부터 공부하는 여러 가지 기술의 기본이 됩니다.

손목치기는 죽도의 끝이 서로 닿을 정도의 거리에서 상대방의 오른손목을 치는 것입니다. 치는 방법은 죽도를 쳐들었을 때, 상대방의 오른손목이 자신의 왼손 아래로 보일 정도로 쳐들고, 재빨리 똑바로 오른손목을 내려칩니다.

- 일족일도의 간격에서 '야' 라고 기합을 넣고, 죽도를 쳐들어 내딛고 '손목'이라고 소리를 지르면서 상대방의 오른손목을 내려칩니다.

- 내디딜 때에는 상대방을 향하여 똑바로 전진합니다. 손목치기는 아무래도 왼쪽으로 치우쳐서 내딛는 버릇이 생기기 쉬우므로 주의해야 합니다.

- 손목을 칠 때에도 상대방의 '눈'을 보면서 치는 것이 중요합니다. 자칫 손목을 보면서 치는데, 그렇게 하면 상대방에게 손목을 겨냥하는 것이 알려져 버립니다.

- 손목은 머리보다도 낮은 곳에 있으므로, 칠 때 허리가 굽어 구부린 자세가 되지 않도록 주의해야 합니다. 자세의 흐트러짐은 거꾸로 상대방이 반격할 수 있는 틈을 주게 됩니다. 바른 자세를 유지하면서 공격할 수 있도록 연습하십시오.

① 일족일도의 간격에서 보내기발로 공격.
② 실전에서는 기본과 같이 죽도를 크게
　쳐들지 않으나, 찌르듯이 작게 쳐들어,
③ 왼발로 날카롭게 차면서
④ 상대방의 손목을 내려친다.

6. 똑바로 쳐들어 내려친다.

● 허리치기 ●

허리는 몸의 옆구리를 말합니다. 옆구리의 위쪽은 늑골(갈비뼈)로 덮여 있습니다. 또 아래쪽에는 허리뼈가 있습니다. 옛날, 칼로 칠 때에는 뼈에 부딪치면 베어지지 않을 때도 있었습니다. 그러한 까닭에 허리치기는 옆구리의 물렁물렁한 곳을 배꼽 아래쪽을 향하여 비스듬히 치도록 한 것입니다. 검도구의 갑은 그 부분을 덮도록 만들어져 있습니다.

허리치기에는 왼쪽과 오른쪽이 있는데, 중단세를 취하고 있는 상대방은 약간 오른팔이 들려져 있어서 치기 쉬운 오른쪽 허리를 치게 됩니다. 처음에는 오른쪽 허리를 치는 연습부터 시작합시다.

허리를 치는 법은 일단 상대방의 머리를 치듯이 죽도를 똑바로 쳐둡니다. 그러면, 상대방은 머리를 방어하려고 죽도를 쳐들게 되므로, 허리에 틈이 생깁니다. 그 틈을 놓치지 않고 허리를 내려칩니다. 죽도를 옆으로 치지 않고 똑바로 들어 올리는 것이 허리치기의 기본입니다.

▲ 오른쪽 허리를 치는 연습부터 시작한다.

- 죽도의 선혁이 서로 닿는 거리에서 '야' 하는 큰 기합 소리를 지르고, 한 걸음 오른발부터 공격하듯이 전진하면서 똑바로 위로 죽도를 쳐들고, '허리'라고 기합을 넣고 허리를 내려치면서 전진합니다.
- 죽도가 치는 방향으로 비스듬히 되어 있는 것, 오른손의 손등이 위로 향할 정도로 손목이 들어가 있는 것, 양손의 주먹이 낮게 수평으로 되어 있는 것, 자세가 앞으로 기울어지지 않도록 허리가 앞으로 들어가 있는 것이 중요합니다.

● 허리치기

①

②

③

④

● 찌르기 ●

　찌르기는 호면의 아래쪽에 달린 '호면목가림(중앙갑상)' 부위
를 찌르는데, 빗나가면 상대가 부상을 당하기 쉬우므로 초등학생
이나 중학생은 하지 않도록 하십시오. 다만, 찌르기는 검도의 기
술 중에서는 매우 중요한 의미가 있으므로, 성인이 되면 머리나
허리, 손목과 똑같이 착실히 연습해야 합니다. 이상이 검도의 기
본 기술입니다.

part

6

대련 기술

1. 상대방의 죽도를 뿌리치고 머리를 친다.

지금부터 설명하는 기술은 상대방의 움직임이나 거리에 맞추어 잘 칠 수 있도록 연구된 기술입니다. 이것을 '대련 기술'이라고 합니다. 또한 대련 기술은 '능동적 기능' – 치기, 찌르기 기능 – 과 '피동적 기능' – 피하는 기능 – 으로 나눌 수 있습니다. 먼저 능동적 기능부터 설명하겠습니다.

●뿌리치고 머리치기●

상대방의 죽도가 장애가 되어 그대로는 공격할 수 없을 때 상대방의 죽도를 뿌리침과 동시에 상대방의 머리를 치는 기술입니

▲ 상대방의 죽도를 뿌리친 후 머리를 친다.

다. 보통 상대방과 마주 섰을 때, 자기의 죽도는 상대방의 죽도의 오른쪽에 있는데, 이것을 '겉'이라고 합니다. 겉에서 뿌리칠 때에는 상대방 죽도의 약간 오른쪽 위에서 비스듬히 아래로 상대방의 죽도를 뿌리쳐 내리도록 하십시오. '안'에서 뿌리칠 때에는 상대방 죽도의 왼쪽 아래로 자기의 죽도를 가지고 가서 비스듬히 위로 쳐올림과 동시에 똑바로 머리를 칩니다. 뿌리치는 방법은 반원을 그리듯이 작고 날카롭게 뿌리치도록 합니다.

● 뿌리치고 머리치기

ㄹ. 상대방의 틈을 유도하여 친다.

●뿌리치고 허리치기●

뿌리치고 허리치기에도 '겉'에서와 '안'에서 뿌리치는 두 가지 방식이 있습니다. 겉에서 뿌리칠 때에는 상대방이 놀라서 머리를 방어하려고 죽도를 들어 올렸을 때, 즉시 뛰어들어 가면서 상대방의 오른쪽 허리를 칩니다. 안에서 뿌리칠 때에는 왼쪽 아래에서 뿌리쳐 올려, 죽도가 올라간 순간을 노려 허리를 칩니다.

① 일족일도의 간격에서 중심을 공격하듯이 보내기발로 안으로 죽도를 돌리면서 전진한다.

② 상대방의 죽도를 안에서 뿌리쳐 올리듯이 반원을 그리면서 강하게 위로 뿌리쳐 올린다.

③ 손이 올라간 상대방의 죽도 아래에, 허리를 치듯이 죽도를 변화시키면서 허리를 넣어 상대의 허리를 친다.

④ 친 후에는 자세를 흐트리지 말고 친 방향(또는 반대 방향)으로 빠져 나가듯이 전진한다.

●뿌리치고 손목치기●

겉에서와 안에서의 뿌리치기가 있는데, 원리는 뿌리치고 허리치기 때와 같습니다. 겉에서일 때에는 상대방이 당황하여 죽도를 원래 위치로 되돌리려고 들어 올리는 순간에 칩니다. 안에서일 때에는 작은 동작으로 왼쪽 아래에서 뿌리쳐 올리고, 손목이 치기 쉬워 보이는 순간에 손목을 칩니다.

이제까지의 기술이 '뿌리치기 기술' 입니다. 뿌리치기 기술은 너무 큰 동작으로 해서는 안 됩니다. 너무 크게 뿌리치려고 하다가 헛쳤을 때에는 상대방에게 역습을 당하는 경우가 있습니다.

뿌리치기 기술은 상대방을 몰아서 움직임이 정지하거나, 상대방이 후퇴하여 공격해 들어올 기미가 적을 때에 사용하는 것이 좋습니다.

또 자기가 뿌리침을 당하였을 때에는 당황하여 죽도를 원래대로 되돌리려고 하거나, 죽도를 쳐들거나 하여서는 안 됩니다. 뿌리침을 당하였을 때에는 조용히 중단세로 되돌리는 침착성이 중요합니다.

① 일족일도의 간격에서 보내기발로 재빨리 전진하면서 안으로부터 상대방의 죽도를 작게 뿌리친다.

② 뿌리침과 동시에 팔을 충분히 뻗어 상대방의 죽도가 되돌아오기 전에 손목을 친다.

③ 허리를 굽히지 말고 날카롭게 때리듯이 작은 동작으로 상대방 손목을 겨냥하여 친다.

④ 친 다음에 거꾸로 상대방이 되받아 쳐오는 것을 방지하기 위하여 상대방에 몸을 접근시켜 부딪친다.

3. 상대방이 나오는 순간, 작게 머리를 친다.

●나올 때 머리치기●

'나올 때 머리치기'는 상대방이 이쪽을 치려고 나오는 순간에 한 발 앞서 상대방의 머리를 치는 기술인데, 잘 되면 매우 통쾌한 기술입니다. 거꾸로 이것을 당하면 맥이 빠지지요.

치는 법은 크게 쳐들지 말고 상대방이 나오려는 순간, 재빨리 작은 동작으로 머리를 칩니다. 죽도를 쳐들지 않은 채 팔로 친다기보다 몸전체로 상대방의 머리 뒤로 타올라 간다는 기분으로 치는 것입니다.

죽도의 움직임은 상대방 머리의 한복판을 똑바로 칩니다. 조금이라도 빗나가고 그때 상대방도 머리를 쳐왔다고 한다면, 자기의 죽도는 튕겨나가고 상대방의 죽도가 자기의 머리를 치게 됩니다. 쳐들기는 작게 하더라도 몸 전체로 똑바로 치는 것이 중요합니다.

나올 때 머리치기는 반사 신경의 작용으로 칩니다. 마음속으로 나올 때 치려고 생각하여도 마음대로 칠 수 있는 것은 아닙니다. 머릿속에서 생각하고 있으면 이미 늦어 상대방에게 거꾸로 맞게됩니다. 매일 연습을 반복하면서 머리치기를 연습하여, 무의식적으로 짧은 순간에 칠 수 있게 되지 않으면 이 기술이 능숙하게되었다고 할 수 없습니다.

이 기술은 상대방도 앞으로 나오고 이쪽도 앞으로 나가므로 힘은 배가 되어, 작게 쳐도 '한판'으로 인정됩니다.

① 일족일도의 간격에서 상대방의 마음을 제압하듯이 큰 기합 소리를 내면서 공격한다.

② 상대방이 참지 못하고 치고 나오려는 순간의 틈을 노리고,

③ 죽도를 쳐들지 말고, 죽도를 내밀듯이 뻗어 상대방의 머리를 친다.

④ 죽도로 친다기보다 허리를 중심으로 몸 전체로 친다는 느낌을 알아야 한다.

⑤ 얻어맞은 상대방은 맥이 빠진다. 크게 소리를 질러서 존심을 나타낸다.

4. 상대방이 나올 때 손목을 친다.

●나올 때 손목치기●

상대방이 나올 때 머리치기와 똑같은 타이밍으로 상대방이 치려고 나오는 그 순간을 맞추어 손목을 칩니다. 상대방이 중단세일 때는 틈이 없습니다. 그러나 상대가 치려고 하는 마음이 생겨, 치기 위하여 몸을 움직이기 시작할 때에는 죽도 끝이 올라갑니다. 그 순간을 노립니다. 즉, 상대방이 치려고 나올 때 손목을 치는 것입니다.

칠 때에는 죽도를 너무 쳐들지 말고, 상대방의 움직임에 뒤지지 않도록 작게 재빨리 칩니다. 나올 때 머리치기와 똑같이 작게 쳐도, 상대방도 나오고 있기 때문에 치는 힘이 배가 되어 상대방의 맥이 빠지는 카운터펀치가 됩니다.

치는 법은 상대방의 죽도가 위로 올라가기 시작함과 동시에 똑바로 찌르듯이 내밀어 손목을 칩니다. 만약, 타이밍이 늦으면 왼쪽으로 몸을 약간 비틀면서 칠 수도 있습니다.

이 치는 법은 약간 타이밍이 늦어서 상대방의 치기를 억제하게 되므로, '누르기 손목치기'라고 하여 '나올 때 손목치기'와 구별하여 설명하기도 합

①

②

① 일족일도의 간격에서 서로 기합 소리를 지르면서 공격한다.
② 상대방이 참지 못하고 먼저 치려고 죽도를 쳐드는 순간을 노린다.
③ 그 틈을 놓치지 않고 손목을 작게 친다.
④ 친 후에는 상대방에게 바싹 붙는다.

니다. 이것은 움직임이 약간 다를 뿐이고, 치는 법은 같다고 하여
도 좋을 것입니다.

중요한 것은 나올 때 손목치기를 하여도 몸이 앞으로 기울어져
서는 안 된다는 것인데, 바른 자세를 유지하면서 치도록 합시다.
나올 때 치는 기술 중에는 '나올 때 찌르기'라는 것도 있으나,
매우 위험하므로 설명을 생략합니다.

5. 코등이 싸움에서 몸을 빼면서 친다.

● 몸빼면서 머리치기 ●

검도는 언제나 죽도의 끝이 서로 닿는 거리에서 치는 것은 아닙니다. 공격하다가 코등이를 서로 맞대고 노려보며 미는 경우가 있습니다. 이것을 '코등이 싸움'이라고 합니다.

코등이 싸움은 상대방의 코등이에 자기 죽도의 코등이를 ×자형으로 맞대는데, 이때 죽도는 너무 기울이지 말고, 또 팔을 너무 오므리지 말고, 어깨에 힘을 너무 넣지 말고, 손목을 유연하게 하여 상대방의 움직임을 조용히 봅니다. 상대방이 힘으로 밀면 그 힘을 유연하게 맞받거나, 몸을 비켜 상대방의 힘을 정면으로 받지 않도록 옆으로 빗나가게 하여, 상대방이 불필요한 힘을 내는 틈을 이용하여 기술을 겁니다.

①

이 코등이 싸움에서의 기술을 '몸빼기 기술'이라고 하며, '몸빼면서 머리치기', '몸빼면서 허리치기', '몸빼면서 손목치기'로 나누어집니다.

몸빼면서 머리치기는 왼발을 뒤로 크게 빼면서 죽도의 격자부로 상대방의 정면을 정확히 칩니다.

코등이 싸움은 서로 너무 가까운 거리이기 때문에 몸을 빼는 동작과 죽도로 치는 동작이 정확한 타이밍으로 맞아야 합니다. 죽도의

②

① 코등이와 코등이를 맞대어 상대방의 움직임과 힘을 준 상태를 살핀다.
② 가볍게 밀어 상대방에 틈이 생길 때 몸을 빼면서,
③ 재빨리 죽도를 쳐들어 격자부로 상대방의 머리를 강하게 친다.
④ 친 후에는 상대방이 뒤따라오지 못할 정도의 거리로 물러서서 존심을 나타낸다.

코등이로 치지 않도록 주의하십시오.

劍 道

Part 6

대련 기술

●몸빼면서 허리치기●

몸빼면서 머리치기와 똑같이, 왼발을 빼면서 크게 쳐들어 몸을
뒤로 재빨리 빼면서 상대방의 오른쪽 허리를 칩니다. 힘껏 치지
않으면 '한판'으로 인정되지 않으므로, 큰소리가 나도록 강하게
치십시오.

처음에는 몸빼면서 머리치기를 하듯이 죽도를 똑바로 쳐듭니
다. 아마도 상대방은 '머리를 맞는구나'라고 생각하여 머리를 방
어하려고 양팔을 올릴 것입니다. 이때 허리에 틈이 생기는 것입
니다. 그 틈을 노려서 쳐든 죽도를 허리치기로 전환시켜 치는 것
입니다. 이때 중요한 것은 죽도로 치는 방향인데, 칼이라면 비스
듬히 베어지게 되는 것으로, 죽도의 '칼날줄(등줄의 반대쪽)'로
비스듬히 쳐야 합니다. 그러기 위해서는 오른손 손목이 안쪽으로
비틀어져야 합니다.

●몸빼면서 손목치기●

몸빼면서 머리치기와 마찬가지로 코등이 싸움에서 왼발을 빼면서 상대방의 오른손 손목을 치는 기술입니다. 작은 기술이므로 확실하게 치지 않으면 '한판'으로 인정되지 않습니다. 자기의 죽도를 상대방의 죽도에 평행으로 똑바로 내려치면서 손목을 비틀어서 치고, 될 수 있는 대로 빨리 오른발로 차서 뒤로 물러섭니다. 몸빼면서 치는 기술은 잘못 치면, 상대방의 반격을 받아 거꾸로 맞게 됩니다. 그러므로, 친 후에는 상대방과의 거리를 충분히 벌리도록 빨리 뒤로 물러설 것과, 상대방이 반격해 와도 밀리지 않겠다는 마음가짐이 중요합니다.

6. 연속 기술은 발의 사용법이 요점.

● 손목치기 - 머리치기 ●

이제부터 설명하는 조합 기술은 '2~3단계의 기술' 또는 '연속 기술'이라고 합니다. 기본기에서 공부한 머리치기, 손목치기, 허리치기 등을 조합하여, 상대방이 막을 수 없도록 치는 기술입니다.

손목치기 - 머리치기는 2단계 기술입니다. 처음에는 손목치기와 머리치기를 하나씩 하나씩 바르게 치는 연습을 하고, 조금씩 더 빨리 치는 연습을 합니다. 이 기술은 상대방이 쳐들어올 때에는 성공하기 어렵습니다. 상대방의 움직임이 멈추었을 때라든가, 상대방이 물러설 때 뒤따라가면서 칩니다.

손목치기 - 머리치기는 2단치기 중에서도 가장 많이 사용되는 기술로 시합에서도 자주 볼 수 있습니다. 이 기술은 연속 기술의 기본이 되는 기술이므로, 발을 잘 사용하여 반복 연습하십시오. 연속 기술은 발의 사용법을 연습하는 것이 매우 중요합니다.

● 손목치기 - 허리치기 ●

손목치기를 하려고 하면, 맞지 않으려고 손목을 들어 올리거나 쳐드는 사람들이 있는데, 그렇게 하면 허리에 틈이 생깁니다. 그 틈을 놓치지 않고 허리를 칩니다. 손목치기 - 머리치기일 때와 마찬가지로 손목치기와 허리치기를 천천히 바르게 치는 것부터 시작하여, 차츰 빨리 치는 연습을 하십시오.

상대에 따라서는 손목을 맞으면 거꾸로 머리를 쳐오는 경우가 있으므로, 손목을 친 다음에는 머리를 맞지 않도록 오른쪽으로 몸을 피하면서 다시 허리를 치고 오른쪽으로 빠집니다. 손목치기 - 머리치기보다도 죽도의 변화가 심한 어려운 기술입니다.

● 손목치기 - 머리치기

① ②

● 손목치기 - 허리치기

① ②

7. 몸이나 팔을 다 뻗지 않도록 한다.

● 머리치기─허리치기 ●

머리를 쳤더니, 상대방이 물러서면서 죽도로 머리치기를 받았는데, 그때 허리에 틈이 생겼다고 합시다. 그 틈을 놓치지 않고 허리를 쳐서 '한판'을 얻는다는 기술입니다. 머리를 쳤을 때 몸이 너무 뻗어서 발이 미처 뒤따르지 못할 때가 있으므로, 발을 빨리 움직여 허리를 치는 연습이 중요합니다.

① 머리를 쳤는데,
② 머리치기가 **불충분**하였거나 상대방이 물러서서 죽도가 머리에 닿지 않고, 상대방이 막으려고 죽도를 쳐들어 상대방의 허리에 틈이 생겼다.
③ 그 틈을 노려 허리를 친다.
④ 허리를 뻗어 친다.

● 머리치기 — 머리치기 ●

머리를 쳤는데, 상대방이 뒤로 몸을 젖히면서 물러서서, 머리에
죽도가 닿지 않았다고 합시다. 그러한 때, 상대방이 더 물러설 틈
을 주지 않고 다시 머리를 치는 기술입니다. 이것도 첫 머리치기
를 하였을 때 팔이 다 뻗어 있거나, 발이 뒤따르지 않으면 연속
하여 칠 수 없는 기술이므로, 반복 연습이 중요합니다. 첫 머리치
기 후 다음 머리치기까지 빨리 연속적으로 치는 것이 요령인데,
작고 날카로우면서도 강하게 쳐야 성공할 수 있습니다.

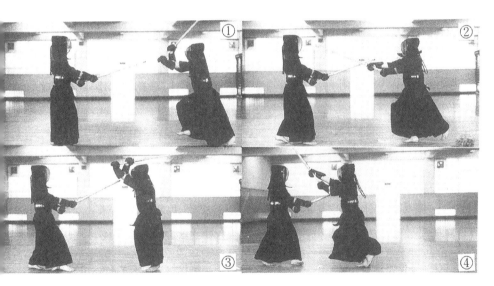

① 첫 번째 머리치기를 한다.
② 상대방과의 거리가 맞지 않았거나, 상대방이 물러서서 죽도가 닿지 않았을 때
   에는 틈을 주지 않고,
③ 다시 죽도를 쳐들고 전진하여
④ 머리를 친다.

8. 연속적인 전진으로 결정타를 날린다.

● 손목치기 - 머리치기 - 허리치기 ●

3단계의 기술입니다. 연속 전진하여 상대방을 몰아넣고 치는 기술인데, 기술에 변화를 주어서 상대방이 받을 수 없게 하는 기술입니다. 이것도 팔의 움직임과 발의 재빠른 연속적인 전진이 없으면 잘 되지 않습니다.

어떻습니까? '2~3단계의 기술'에 대한 설명은 이것으로 끝내는데, 자기 스스로 몇 가지 기술을 조합하여 자기만의 기술을 만들어 보십시오. 예를 들면, 머리치기 - 손목치기 - 머리치기와 같이 반드시 좋은 기술이 나올 것입니다. '능동적인 기술' 즉, 치기, 찌르기 기술에는 이제까지 설명한 기술 외에, '짊어지는 기술', '한 손 기술', '상단 기술', '감는 기술' 등이 있습니다. 이들은 어려운 기술이므로, 여기서는 생략합니다. 좀 더 성장한 뒤에 익히도록 하십시오.

다음에는 '피동적인 기술'입니다. 능동적인 기술은 언제나 이쪽이 먼저 치고 나가는 기술이었으나, 피동적인 기술은 상대방이 치고 나오면 그것을 받거나 몸을 피한 다음에 상대방을 치는 기술입니다. 그래서, 그러한 기술에 들어가기 전에 상대방의 머리치기, 손목치기, 허리치기를 받는 방법을 연습합니다.

받는 방법은 받음과 동시에 공격할 수 있어야 합니다. 될 수 있는 대로 자기보다 먼 위치에서, 머리치기라면 죽도의 옆으로 뿌리치고, 손목치기라면 원을 작게 그리듯이 스쳐올리고, 허리치기라면 좌·우에서 왼쪽으로 빼면서 상대방의 죽도를 누르도록 합니다. 중요한 것은 상대의 죽도를 작게 받아서 자신의 자세를 흐트리지 않는 것입니다.

① 일족일도의 간격에서
  서로 공격한다.

② 틈을 봐서 상대방의
  손목을 친다.

③ 손목치기가 **불충분할**
  때, 다시 2단계로 손
  목에서 팔을 뻗어 머
  리를 친다.

④ 그 머리치기도 **불충**
  분할 때, 다시 허리를
  친다.

ㄲ. 상대의 손목치기를 스쳐올리고, 그대로 머리를 친다.

● 손목치기 스쳐올려 머리치기 ●

손목은 서로 가장 가까운 곳에 있습니다. 특별히 전진하지 않더라도 죽도가 닿으므로, 자칫 치고 싶어집니다. 연습에서나 시합에서나 적중 여부에 관계없이 서로 많이 치는 것이 손목입니다. 그것을 막으면서 즉각 머리를 치는 것이 '손목치기 스쳐올려 머리치기' 라는 기술입니다. 이것은 '스쳐올리기 기술' 이라고 불리는 것의 하나인데, 그 중에서도 시합에서 '한판' 이 되는 경우가 많은 기술이므로 잘 연습하십시오.

▲ 상대방이 치고 들어오면 상대방의 죽도를 스쳐올리고, 뛰어들어가서 머리를 치고

손목치기를 막는 법은 검도 용어로는 '스쳐올리기'라는 방법을 사용하는데, 막은 다음에 머리치기로 연결이 되지 않으면 무의미합니다. 스쳐올리기는 손목치기를 받는 법에서 설명하였듯이, 상대방이 친 죽도를 자기 죽도의 끝부분으로 시계 바늘과 반대 방향으로 작은 원을 그리듯이 스쳐올립니다. 결코 크게 스쳐올리지 않도록 하여, 스쳐올린 죽도의 끝이 상대방의 머리 방향으로 가도록 하면 좋을 것입니다.

손목치기를 스쳐올린 죽도의 끝이 상대방의 머리 위로 올라가면, 그대로 머리를 내려칩니다. 치는 법은 손바닥을 조이면서 작게 칩니다.

몸 동작은 상대방이 손목을 쳐오는 것에 맞추듯이 앞으로 나아가면서 스쳐올리고, 발과 허리로 전진하면서 칩니다. 때로는 상대방이 손목을 치면서 깊이 뛰어들어 오는 경우도 있는데, 그 때에는 상대방과의 거리를 생각하여 뒤로 물러서면서, 몸을 빼고 머리치기와 같이 치면 됩니다.

④
그대로 상대방 옆으로 지나간다.

1ㅁ. 스쳐올리기 기술의 동작을 몸에 익히자.

● 머리치기 스쳐올려 머리치기 ●

상대방이 머리를 쳐왔을 때 상대방의 죽도를 스쳐올려 받고, 거꾸로 상대방의 머리를 치는 기술입니다. 스쳐올리기에는 '겉' – 자기의 죽도가 상대방 죽도의 오른쪽에 있다 – 으로부터와 '안' 으로부터의 두 가지 방식이 있습니다.

처음에는 크게 스쳐올리고 물러서면서 치고, 조금씩 앞으로 나가 상대방의 치기에 맞추어 스쳐올리기를 합니다. 몸 동작도 오른쪽 비스듬히 앞으로 벌리면서 치는 것이 좋습니다. 안으로 스쳐올릴 때에는 왼쪽 비스듬히 앞으로 몸을 벌리면서 치면 치기

▲ 머리치기로 들어온 상대의 죽도를 스쳐올리고, 거꾸로 재빨리 머리를 친다.

▲ 상대방의 허리치기를 죽도로 누르고, 즉각 머리를 친다.

쉬워집니다.

'스쳐올리기 기술'에는 이 밖에도 '머리치기 스쳐올려 손목치기', '머리치기 스쳐올려 허리치기', '손목치기 스쳐올려 손목치기', '찌르기 스쳐올려 머리치기' 등이 있으나, 스쳐올리기의 방식은 모두 같습니다.

●허리치기 쳐내리고 머리치기●

상대방이 허리를 쳐왔을 때, 왼쪽 비스듬히 뒤로 물러서면서 자기의 죽도로 누르듯이 받고, 즉각 머리를 치는 기술입니다.

또 코등이 싸움에서 상대방이 '몸빼고 허리치기'를 하면서 물러갈 때, 그 상대방의 죽도를 자기의 죽도로 누르듯이 쳐내리고, 즉각 머리를 칩니다. 이 기술은 상대방이 머리를 맞지 않으려고 도망가므로 빨리 치는 것이 중요합니다. 이것이 '쳐내리기 기술'입니다.

11. 비킬 때에는 죽도를 바로 위에!

●손목치기 비켜 머리치기●

상대방이 쳐왔을 때, 그 죽도를 비켜서 헛치게 하는 기술을 '비키기 기술'이라고 합니다. 쳤을 때에 상대방이 비키면 '아차' 하고 당황하게 됩니다. 그 순간을 놓치지 않고 치는 것입니다. '손목치기 비켜 머리치기'는 비키기 기술 중에서도 상대방에게 큰 충격을 주는 멋진 기술입니다. 어쨌든, 손목을 친 상대방이 헛친 순간에 탁하고 머리를 얻어맞는 것이므로 큰 충격을 받습니다. 친 쪽은 매우 기분이 좋지요.

치는 법은 상대방이 손목을 쳐왔을 때 비키면서 죽도를 크게 쳐들어, 상대방이 헛치는 순간에 상대방의 머리를 내려칩니다. 상대방이 뛰어들면서 손목을 쳐왔을 때에는 물러서면서 '몸빼고 머리치기' 때와 같이 칩니다. 상대방이 손목을 치고 빠지려는 경우에는 앞으로 전진하면서 비키고, 더 앞으로 나가면서 칩니다.

① ② ③

좀더 능숙하게 되면 상대방이 손목을 쳐오도록 유도하거나, 공격을 하여 상대방이 곤경에 빠져 역공으로 손목을 치고 나오는 것을 비키면서 칠 수 있게 됩니다.

그러나, 상대방은 손목을 매우 빠른 속도로 쳐옵니다. 상대방과의 거리가 너무 가까우면, 비키기 전에 손목을 맞아 버립니다. 주의하여야 할 것은 비킬 때에 절대로 왼쪽으로 손목을 비켜서는 안 됩니다. 똑바로 위로 비켜야 합니다.

① 상대방이 이쪽 손목을 겨냥하여 쳐온다.
② 상대방의 움직임에 맞추듯이 죽도를 쳐든다.
③ 상대방의 죽도가 헛칠 정도로 높이 쳐든다.

④ 왼발을 차고 전진하면서 즉각 머리를 친다.

⑤ 상대방이 자세를 바로잡기 전에 치는 것이 요령.

12. 상대방 머리치기의 밑을 비켜나가는 느낌으로.

● 머리치기 비켜 허리치기 ●

이 기술은 매우 보기 좋은 기술입니다. 검도를 시작한 계기가 '머리치기 비켜 허리치기'를 한번 해 보고 싶어서였다고 하는 사람도 있었습니다. 상대방이 머리를 쳐오는 데 대하여, 맞추듯이 죽도를 왼쪽으로 기울이면서 허리를 칩니다.

한 손으로 칼을 빼어 쳐들고 비스듬히 위로 치켜 든 장면을 흉내내는 사람이 있는데, 그러한 자세로는 힘이 들어가지 않는다

① ② ③

①

▲ 상대방의 머리치기에
맞추 듯이.

고 합니다.

바른 격자법은 오른발을 약간 비스듬히 앞으로 내밀고 허리를 약간 낮추고, 죽도 끝을 약간 올리고 손목을 내리면서 치는 것입니다. 또 손목의 회전을 좋게 하기 위하여 죽도의 손잡이를 오른손 쪽으로 왼손을 접근시키면서 손바닥을 꽉 조여, 상대방의 허리를 치고 상대방의 왼쪽으로 지나갑니다.

이때, 허리를 굽히거나 몸이 앞으로 기울어지지 않도록 하고, 친 후에 왼손이 죽도를 놓거나 죽도의 끝이 손목보다 아래로 내려가지 않도록 충분히 주의하십시오.

② 쳐들어 올린 죽도를 허리 쪽으로 변화시킨다.　③ 허리를 정확히 보고 친다.　④ 친 후에는 자세를 흐트리지 않고 상대방의 옆으로 지나간다.

13. 상대방의 머리치기를 크게 비키면서 친다.

● 머리치기 비켜 머리치기 ●

이 기술은 특히 키가 큰 사람이 하기 쉬운 기술입니다. 상대방이 머리를 쳐오면, 약간 뒤로 물러서면서 '손목치기 비켜 머리치기'의 방식으로 크게 쳐들면서 상대방이 헛치게 합니다. 상대방의 죽도가 헛쳐서 내려온 순간에 머리를 치는 것인데, 이 기술은 '손목치기 비켜 머리치기'보다 크게 비켜야 합니다. 어중간하게 비키다가는 손목을 얻어맞게 되므로 주의하십시오.

● 머리치기 비켜 손목치기 ●

머리치기 비켜 머리치기의 방식으로, 상대방이 머리를 쳐왔을 때, 크게 죽도를 쳐들면서 상대방의 죽도를 헛치게 한 다음에 상

① ② ③ ④

▲ 상대방의 죽도를 잘 보면서 자기 죽도를 쳐들어, 비키면서 재빨리 머리를 친다.

대방의 손목을 겨냥하여 칩니다. 이것은 상대방보다 키가 작아 머리치기 비켜 머리치기가 잘 되지 않을 때에 사용하면 좋을 것입니다. 다만, 상대방의 손목이 완전히 뻗어 있으므로, 칠 때에는 약간 왼쪽 비스듬히 뒤로 몸을 약간 벌리면서 치도록 합시다.

●손목치기 비켜 손목치기●

매우 작고 빠른 기술이기 때문에 아주 능숙하게 사용하는 사람은 없습니다. 상대방이 쳐오면 이쪽의 손목을 약간 당겨 내려, 상대방의 손목치기를 헛치게 하고 즉각 상대방의 손목을 작게 칩니다. 매우 작은 기술이므로 '한판'으로 인정되지 않는 경우가 많습니다. 매우 세밀한 운동 신경이 필요한 기술입니다.

정교한 기술의 대표격인 '손목치기 비켜 손목치기'. 상대방의 손목치기를 손목을 당겨 헛치게 한다. 작게 죽도를 돌려 전진하면서 헛친 상대방의 손목을 친다.

14. 상대방의 머리치기를 죽도로 받으면서 허리를 친다.

● 머리치기 되돌려 허리치기 ●

'되돌려'라는 것은 검도에서는 '겉'에서 '안'으로 또는 그 반대로 죽도를 움직이는 것을 말합니다. 이러한 동작을 사용하는 기술을 '되돌리기 기술'이라고 합니다.

'머리치기 되돌려 허리치기'는 상대방이 머리를 쳐오면 죽도를 움직여 받으면서도 그 죽도의 움직임을 멈추지 않고, '안'쪽으로 돌려 상대방의 오른쪽 허리를 칩니다. 빠른 동작이 되면, '머리치기 비켜 허리치기'와 비슷합니다. 다만, '머리치기 비켜 허리치기'는 상대방의 죽도에 닿지 않습니다. '머리치기 비켜 허리치기'가 약간 늦었을 때에 '머리치기 비켜 허리치기'로의 죽도의 움직임 도중에 상대방의 죽도를 받은 후, 돌려서 허리를 치는 것이라고 생각해 주십시오.

주의할 것은 '머리치기 비켜 허리치기'와 같이 한 손으로 치면 안 됩니다. 바른 격자법은 오른발을 약간 비스듬히 앞으로 내밀고, 허리를 약간 낮추면서 상대방의 죽도를 왼쪽으로 받고, 손목을 되돌려서 상대방의 오른쪽 허리를 칩니다. 이때에도 왼손을 오른손에 접근시켜서 하면 손목의 회전이 좋아집니다.

친 다음에는 양 손목을 배꼽 앞에서 안쪽으로 죄도록 하여, 상대방의 왼쪽으로 지나갑니다.

　상대방의 죽도를 되돌리는 것이므로, 상대방의 힘에 밀리면 허리를 치지 못하고 넓적다리나 다리를 치는 일도 있습니다. 받아서 칠 때, 죽도의 끝이 손목보다 내려가지 않도록 하십시오.

① 상대방이 머리를 쳐오는 거리를 잘 본다.
② 될 수 있는 대로 상대방의 죽도를 먼위치에서 받으면 되돌리기 쉽다.
③ 손목을 돌려서 약간 허리를 낮추면서 다가오는 상대방의 허리를 친다.
④ 손목을 죄고, 왼손을 오른손 쪽으로 당기면서 자기의 배꼽 앞에서 친다.
⑤ 친 다음에도 죽도의 끝을 내리지 말고 지나가면서 존심을 나타낸다.

15. 상대방의 머리치기를 죽도로 받으면서 머리를 친다.

● 머리치기 되돌려 머리치기 ●

머리치기 스쳐올려 머리치기는 스쳐올린 것과 똑같은 쪽의 머리를 치지만, 머리치기 되돌려 머리치기는 상대방의 죽도를 스쳐 올리듯이 받아서, 받은 쪽의 반대쪽으로 죽도를 돌려서 머리를 치는 기술입니다.

격자 방법은 두 가지가 있습니다. '겉'으로 받아서 '안'으로 되돌려 치는 방법과 '안'으로 받아서 '겉'으로 되돌려 치는 방법입니다. 어느 쪽이 좋다고는 할 수 없으나 '안'으로 받아서 '겉'으로 치는 방법이 더 쉬울 것입니다. 어느 쪽이든 '벌림발'에 의한 몸동작이 중요합니다.

'머리치기 되돌려 머리치기' 외에 되받기 기술로 '손목치기 되받아 손목치기', '허리치기 되돌려 머리치기' 등이 있으나, 여기서는 생략합니다.

이제까지 설명한 것이 검도에서 연습하는 기술의 거의 대부분입니다. 앞의 것이 '능동적 기술', 뒤의 것이 '피동적 기술'의 설명이었습니다. 그러나, 이러한 기술의 분류법과는 별도로 연습이나 시합에서는 머리치기가 중심이 됩니다. 머리치기 외에, '손목치기', '허리치기', '몸빼고 머리치기', '몸빼

고 허리치기', '손목치기 – 머리치기', '손목치기 비켜 머리치기', '머리치기 비켜 허리치기', '나올 때 손목치기', '손목치기 스쳐 올려 머리치기' 등이 많이 사용되는 기술입니다.

검도는 한순간에 승부가 결정됩니다. 머리를 치러 오면 이렇게 하리라고 생각하고 있다가는 스피드에 뒤처집니다. 머리로 생각하지 않고도 순간적으로 많은 기술이 반사적으로 나오도록 연습해야 합니다.

복습 5 홀로 공간치기가 무엇보다도 중요

검도에서 가장 중요한 기술은 머리치기입니다. 머리치기의 기본은 '홀로 공간치기'입니다. 바르고 큰 공간치기를 많이 연습하여, 빠르게 공간치기를 할 수 있으면 좋은 머리치기를 할 수 있게 됩니다.

머리치기는 죽도 끝이 세로로 똑바른 상태로 내려쳐야 합니다. 조금이라도 굽혀서 내려치면 서로 맞췄을 때 이쪽의 죽도가 져서 상대방의 머리에 맞지 않고, 거꾸로 상대방의 죽도가 똑바르면 이쪽의 머리에 맞게 됩니다. 홀로 공간치기가 얼마나 중요한가를 알 수 있겠지요. 주의할 것은 왼손 중심으로 치고, 오른손에 불필요한 힘을 넣지 않는 것입니다.

익숙해지면 크게 휘두르지 않더라도 손목의 작은 스냅만으로도 강하고 빠른 격자를 할 수 있게 됩니다.

part

◆ ◆ ◆ ◆ ◆ ◆
◆ ◆

7

1. 되돌려치기는 연습의 기본이 된다.

● 되돌려치기 ① ●

'되돌려치기'는 '돌려치기', '연속 좌우 머리치기'라고도 하는데, 정면치기와 좌우 머리치기가 조합된 방식입니다. 되돌려치기는 검도의 연습 중에서 가장 기본이 되는 연습으로 매일의 연습 과정에 반드시 들어 있습니다.

되돌려치기는 여러 가지 방식이 있으나, 보통은 다음의 방법으로 합니다. 일족일도의 간격에서 큰 기합 소리와 함께 죽도를 크게 쳐들어 정면을 내려칩니다. 다음에 앞으로 4보 전진하면서 상대방의 왼쪽 머리부터 치고, 다음에 오른쪽 머리를 치고 물러서

① 내딛고 정면치기
② 전진하여 왼쪽 머리치기
③ 다시 전진하여 오른쪽 머리치기

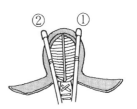

① 전진하여 왼쪽 머리치기
② 이어서 전진하여 오른쪽 머리치기

① 뒤로 물러서서 왼쪽 머리치기
② 또 물러서서 오른쪽 머리치기

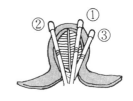

① 뒤로 물러서서 왼쪽 머리치기
② 물러서서 오른쪽 머리치기
③ 물러서서 왼쪽 머리치기

▲ 되돌려치기는 기합 소리를 크게 지르면서 크게 치는 것이 중요.

면서, 또 좌우 머리를 다섯 번 또는 일곱 번 친 다음에, 일족일도의 간격으로 물러섰다가 다시 정면을 칩니다.

보통 이러한 패턴을 2회 반복합니다.

중요한 것은

① 크게 칠 것.

② 기합 소리를 크게 낼 것.

③ 좌우 머리치기는 보내기발로 전진 · 후퇴할 것.

④ 치는 동작과 발의 리듬이 같을 것.

등입니다.

ㄹ· 죽도를 쳐도 머리를 친다는 생각으로 친다.

● 되돌려치기 ② ●

되돌려치기는 앞에서 말한 ①~④의 주의 사항을 잘 지켜서 치면 발성, 호흡, 죽도 동작, 몸 동작, 유연성을 함께 연습할 수 있는 연습 방식입니다. '공간치기'를 설명하면서 말한 '좌우머리 비스듬히치기'의 주의 사항을 다시 한 번 생각하며 바르게 연습합시다.

되돌려치기는 상대방의 죽도를 치는 것으로 생각하는 사람이 있는데, 그것은 잘못입니다. 바른 되돌려치기는 상대방의 좌우머리를 되돌려치는 것이고, 죽도를 되돌려치는 것은 아닙니다. 이것은 중요한 것이므로 정확히 알아두십시오. 만약 상대방이 죽도로 받아주어도 자기의 죽도는 상대방의 좌우 머리에 닿는다는 생각으로 쳐야 합니다.

되돌려치기를 받는 방법은 자기의 좌우 머리를 치게 하는 것이 바른 방법이며, 머리를 치게 하면 상대방의 기술이 늘게 됩니다. 다만, 계속하여 맞으면 머리가 아프므로, 머리 옆에 죽도를 세워 받도록 하는 것입니다.

죽도를 받을 때에는 왼쪽을 받든 오른쪽을 받든, 죽도를 세워서 자기의 머리에 가까운 곳에서 받으십시오. 때로는 죽도가 제대로 머리에 닿는지를 확인하기 위하여 죽도를 세우지 않고,

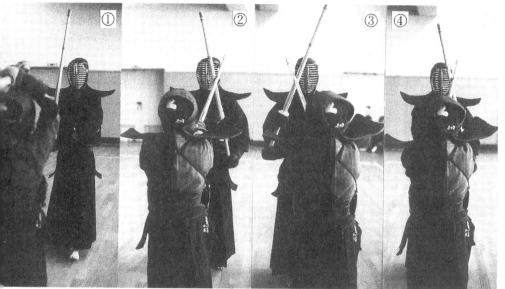

▲ 죽도를 쳐도 상대방의 좌우 머리를 친다는 생각으로 친다.

머리를 맞는 것도 필요합니다. 또 받으면서 상대방의 죽도가

① 좌우의 각도가 같은가,

② 왼쪽 주먹이 몸의 한복판에서 멈추는가,

③ 칼날줄이 비스듬히 제대로 되어 있는가

등을 점검해 주도록 하십시오.

3. 바른 자세로 크게 빨리 친다.

● 격자 연습 ●

이제부터 고된 연습이 시작됩니다. 되돌려치기를 한 후에는 '격자 연습'을 합니다. 격자 연습은 머리나 손목, 허리 등 이제까지 천천히 하던 치기 연습을 정확하면서도 빠르게 치고, 또 어떠한 강한 연습에도 지치지 않는 체력을 함께 기르기 위한 것입니다.

격자 연습은 바른 자세로, 큰 동작으로, 격자 부위를 바르게 치는 것을 목표로 하여 숨이 찰 때까지 합니다. 처음에는 머리만 치십시오. 머리를 친 다음에 상대방에 부딪치기를 되풀이하는 방법, 머리를 치고 상대방의 옆으로 지나가는 방법, 또는 이 두 가지를 합쳐서 하는 방법 등 조금씩 방법을 어렵게 해나가도록 하십시오.

머리치기가 능숙하게 되면, '손목치기 – 머리치기'나 '손목치기 – 허리치기', '손목치기 – 머리치기 – 허리치기' 등 앞에서 배운 기술을 연습합시다. 다만, 격자 연습의 목적은 정확하면서 스피드와 힘이 있는 치기이므로, 기술의 조합을 너무 어렵게 하지 말고 바르게 치는 데 중점을 두도록 하십시오.

격자 연습에서 주의할 것은 부딪쳤다가 제자리로 돌아올 때에, 자세를 흐트리지 말고 다시 크게 치는 것입니다. 또 너무 오래 계속하지 말고, 한 사람의 상대와는 30초 정도로 그치고 상대방을 바꾸면서 5회 내지 10회 정도 반복하면 매우 효과적입니다.

▲ 바른 자세로 격자 부위를 바르게 치는 것을 목적으로 한 격자 연습.

ㄴ. 기술을 모두 발휘하여 친다.

●연공 연습●

되돌려치기나 격자 연습을 할 때, 받아주는 사람, 맞아주는 사람을 들러리라고 합니다. 연공 연습은 선생님이나 상급생을 들러리로 하여 숨이 찰 때까지, 힘이 빠져 지칠 때까지 공격하는 연습입니다. 이제까지 배운 기술을 모두 발휘하여 상대방을 치십시오. 검도의 연습에서는 가장 괴로운 연습입니다. 그렇다고 적당히 얼버무려 힘을 모두 내지 않거나 언짢은 얼굴을 하는 사람은 실력이 늘지 않습니다.

또 체력이 있는 동안에는 빠르고 스피드가 있는 기술을 발휘하

힘껏 내려친다.

여 덤비고, 피로해서 더 못하게 되면 자세가 무너지지 않도록 힘써서 큰 기술로 격자 연습을 합시다. 격자 연습은 바르게 칠 수 있도록 들러리가 맞아줍니다. 그렇지만, 연공 연습은 그렇게 쉬운 것은 아닙니다. 들러리에 따라서는 몸충돌을 받아주는 것처럼 보이게 하고는 비켜 버리거나, 되받거나, 발을 걸어 넘어지게 하기도 합니다. 또 지쳐서 힐떡거릴 때 난타를 당하거나, 이제 그만 그쳤으면 하고 생각하는데도 "더, 더"하고 계속된 연습을 강요하기도 합니다. 아무리 괴롭더라도 이를 악물고 치십시오.

이 연습은 한 번만으로 그치지 말고 다음 들러리, 또 다음 들러리와 계속하면, 근성과 체력이 늘어서 검도가 몇 배 강해집니다. 격렬한 연습이므로 30초 정도로 나누어, 5회 내지 10회 정도 하는 것이 좋습니다.

5. 얻어맞아도 전진하며 친다.

● 서로치기 연습 ●

격자 연습이나 연공 연습은 한쪽 사람만 치는 연습이지만, '서로치기 연습'은 선생님, 상급생, 친구, 또는 자기보다 아랫사람과 서로 치는 연습입니다. 초보자는 맞는 것을 싫어하여 자칫 수비만 하기 쉬운데, 맞는 것을 두려워하지 말고 치고 나가십시오. 친후에도 방심하지 말고, 상대방으로부터 다섯 번을 맞으면 열 번을 되때린다는 생각으로 뒤로 물러서지 말고 전진하며 때려야 합니다.

서로치기 연습에서는 치기 쉬운 곳만 노려 손목치기만 하는 사람이 있는데, 그렇게 작은 기술만 사용해서는 실력이 늘지 않습니다. 서로치기 연습에서도 머리를 많이 치도록 힘쓰십시오. 또 자기보다도 약한 상대일 때에는 마음을 느슨하게 하여 제 실력을

기합 소리를 크게 내자.

▲ 서로치기 연습에서는 맞는 것을 두려워하지 말고 전진하며 친다.

발휘하지 않는 사람이 있는데, 이것은 좋지 않습니다. 선생님과 할 때에는 당신이 잘 칠 수 있도록 틈을 보여 치게 하고, 받아주고 합니다. 이것을 '인도 연습'이라고 합니다. 여러분이 잘 칠 수 있도록 인도해 주는 것입니다. 그러한 때에는 아무것도 생각하지 말고 마음껏 치십시오.

　요즘의 초등학생들은 기합 소리가 작다고 합니다. 서로 치기 연습은 치는 것, 틈을 노리는 것이 중심이 되므로, 자칫 기합 소리를 잊기 쉽습니다. 기합 소리를 크게 질러서 상대방을 압도하고 기술로 결판을 내도록 합시다.

6. 규칙을 정하여 연습 시합을 해 보자.

●연습 시합●

규칙을 정하여 실제 시합처럼 하는 연습 방법입니다. 검도 시합의 규칙은 검도회에서 많은 선생님들이 모여서 정한 것이 있습니다. 여러분이 연습 시합을 할 때에는 그 규칙에 맞추어 하십시오. 물론 초등학생이므로 어려운 규칙은 쉽게 고쳐서 해도 좋겠지요.

보통 시합은 '세판 승부'로 시간을 정하여 합니다. 초등학생은 2~3분에 두 판을 먼저 딴 쪽이 이기도록 합니다. 또 '한판 승부'로 할 때도 있습니다.

● 연승전(원진 시합) 연습

▲ 규칙을 정하여 하는 연습 시합.

연습 시합의 방식은 전원을 둘로 나누어 하는 청백전, 전원이 맞붙는 리그전, 이긴 사람만이 올라가는 토너먼트전이 있습니다. 또, 이긴 사람에게 도전해 가는 연승전(원진 시합) 등이 있습니다.

시합은 이긴 사람만이 남는 것은 아닙니다. 진 사람에게도 싸울 기회를 주기 위하여 패자전이 있습니다. 이것은 팀 전체가 강해지기 위하여 하는 것이고, 결코 약자를 괴롭혀서는 안 됩니다.

이 외에 밖에서 하는 야외 시합 등, 여러 가지 방식을 바꾸어 하는 경우도 있고, 한여름에 하는 하계 연습, 겨울에 하는 동계 연습 등 계절에 맞추어 하는 연습 방법도 있습니다.

복습 6   연공 연습을 많이 하자

● 되돌려치기를 보면, 그 사람의 실력(단위)을 알 수 있다고 합니다. 되돌려치기를 단순한 준비 운동이라고 생각하는 사람도 있는데, 되돌려치기는 가장 중요한 연습 방법의 하나입니다. 되돌려치기로 자기의 실력을 평가받는다고 생각하고 진지하게 연습하십시오.

● "검도의 연습은 되돌려치기와 연공 연습으로 충분하다"고 하는 사람이 있습니다. 실제로 그렇습니다. 연공 연습을 많이 한 사람은 강하게 되기 마련입니다. 연공 연습을 많이 하십시오.

▲ 강하게 되기 위해서는 연공 연습을 많이 할 것.

part

8

연습할 때의 주의점

1. 신체의 성장에 맞는 운동을 선택하자.

여러분은 지금 어떤 운동을 즐기고 있습니까? 축구, 배구, 야구, 줄넘기, 마라톤, 사이클링 등, 스포츠는 수없이 많이 있습니다. 어떤 스포츠를 선택하여 하든지 거기에는 발의 힘, 호흡, 심장 등의 작용이 필요합니다. 그것이 어색하고 딱딱한 동작이어서는 안 됩니다. 밥을 먹거나, 자전거를 타거나, 볼을 잘 받는 데도 운동 신경이 필요합니다.

아무리 잘하는 선수라도 태어날 때부터 잘할 수 있는 것은 아닙니다. 어느 정도 자란 후부터 조금씩 그 운동에 대한 소질이 보이기 시작하는 것입니다. 스포츠 종목에 따라서도 일류 선수가 되는 연령이 다릅니다. 그것은 몸의 성장 속도가 각각 다르기 때문입니다.

피겨 스케이트 등 어릴 때부터 시작하는 것이 좋은 스포츠도 있고, 역도와 같이 비교적 늦게 시작하는 것이 좋은 스포츠도 있습니다.

몸의 성장을 보고 있으면, 운동 신경은 초등학교 고학년부터 발달하기 시작하고, 근육이나 심장은 더 늦어 고교생부터 대학생 무렵에 최고점에 도달하는 것 같습니다. 또 남자와 여자를 비교하면, 여자들이 남자들보다 2~3년 더 빨리 성장합니다.

이렇게 스포츠마다 그 적절한 시기가 있고 자기에게 맞는 것이 있습니다. 이런 모든 점을 고려하여 종목을 선택하면 좋을 것입니다.

▲ 축구나 피겨 스케이트 등 검도 이외의 스포츠도 몸의
성장에 맞추어 하는 것이 좋다.

2. 검도를 시작하려면 5~6학년 때부터.

언젠가 설문 조사한 것을 본 적이 있는데, 남자는 초등학교 1~2학년생 때 검도를 시작한 학생이 가장 많았고, 다음이 3~4학년생이었습니다. 여자는 중학생이 된 후부터가 가장 많았고, 다음이 초등학교 3~4학년생 때였습니다. 시작한 계기는 남자도 여자도 모두 부모님이나 형제가 권해서 시작한 경우가 가장 많았고, 다음에 재미있을 것 같아서 시작했다는 경우가 두 번째로 많았습니다.

이렇듯 시작한 시기와 동기를 살펴보면 부모님은 운동을 시키고 싶다는 것과, 예의 바른 사람이 되어 주었으면 하는 마음에서 시작하게 한 것은 아닐까 하고 생각됩니다.

남자는 초등학교 1~2학년 때,
여자는 중학생 때부터 시작하는
경우가 가장 많다.

▲ 강한 선수일수록 어린 시절에 기본을 착실히 몸에 익히고 있다.

그러나, 앞에서도 말한 바와 같이 운동 신경은 초등학교 고학년 정도부터 좋아지기 시작하므로 사실은 이때부터 시작하는 것이 좋을 것 같습니다. 다만, 검도 기술을 배우기보다는 예의 범절을 빨리 배우고 싶다고 생각한다면, 초등학교 3~4학년 정도부터라도 좋을 것 같습니다.

요즈음은 초등학교의 1~2학년생이나 유치원 때부터 시작하는 경우도 많은데, 빠르면 빠를수록 기본을 착실히 몸에 익혀야 합니다. 배우기 시작할 때에 붙은 나쁜 버릇은 성인 되어서도 없어지지 않습니다. 검도는 나이가 많이 들어서도 계속할 수 있는, 신체뿐 아니라 정신 건강에도 매우 좋은 스포츠이므로 처음부터 정확하게 배우는 것이 중요합니다.

3. 연습은 이틀에 한 번, 1~2시간 정도가 좋다.

검도 연습은 어느 정도 하면 좋다고 생각합니까? 한 달에 한 번, 이것은 너무 적습니다. 일주일에 한 번, 이것도 좀 부족하다고 생각합니다. 피로하지 않고, 싫증이 나지 않고, 그리고 기술도 늘 수 있는 것은 이틀에 한 번이 적당하다고 합니다. 매일 하면 싫증이 날지도 모릅니다. 너무 심하게 하면 피로가 쌓일지도 모릅니다. 적절한 횟수는 1주일에 두세 번 정도일 것입니다.

시간도 종목에 따라서는 길게 하는 것이 있으나, 검도는 시합이라도 성인은 5분 정도, 보통의 연습은 1시간 내지 2시간이 적당한 것 같습니다.

연습은
1주일에
두세 번 정도!

기본 격자 5~7회

▲ 피로하지 않고, 싫증나지 않게 하기 위해서는 이틀에
한 번 정도의 연습이 좋다.

즉, ㉠되돌려치기는 처음에 두 번 나중에 두 번 정도, ㉡기본
격자는 30초 정도를 1회로 하여 5~7회 정도, ㉢기술 연습은 30분
정도로 3~4종류의 기술을 반복하여 연습하고, ㉣연공 연습은 30
초 정도를 1회로 하여 5~7회, ㉤서로 치기 연습은 30분, 한 사람
에 대하여 3분 정도로 상대방을 바꾸어 6~7명에게 부탁합니다.
이상을 쉬지 않고 모두 돌려가면서 하면 1시간 30분 정도 걸립니
다.

도장의 청소, 호구의 준비, 준비 운동, 기본 동작, 홀로 공간치
기 등을 앞뒤에 넣으면 2시간 정도 걸립니다. 그 이상 오래 하면
마음이 느슨해져서 긴장감 있는 연습이 되지 않습니다.

ㄴ. 연습 전에는 발을 중점으로 한 준비 운동을.

당신이 지금 배우고 있는 검도 도장은 시간 제한이 엄격합니까. 시간 제한이 엄격한 도장은 좋은 도장입니다. 그러면 지각하는 사람이 없게 됩니다. 지각하는 사람은 정신적인 면에서 남보다 강할 수 없습니다.

연습에 들어가기 전에 도장 청소를 하고, 도복이나 호구 준비를 합니다. 또 준비 운동도 해야지요. 본 연습에 들어가기 전에 모든 준비를 마치고 모두가 나란히 앉아서 정좌를 하고, 선생님을 맞이하여 묵상·좌례를 합니다. 이때부터가 연습이 시작되는 시간입니다. 그러면, 다음 사항을 주의하여 주십시오.

▲ 부상을 당하지 않기 위해서 준비 운동은 반드시 필요하다.

① 검도는 맨발로 합니다. 그렇기 때문에 바닥에 죽도 부스러기가 떨어져 있거나, 도장 바닥이 상해 있으면 예상치 못한 부상을 당합니다. 도장은 항상 깨끗하게 청소합시다.

② 준비 운동을 반드시 하고 있습니까. 검도는 격렬한 운동입니다. 준비 운동으로 몸의 구석구석까지 미리 풀어주어야 합니다. 특히 발 운동을 많이 하십시오.

③ 호구는 단정하게 앉아서 착용하십시오. 선 채로 착용하는 사람은 마음이 안정되어 있지 않은 증거입니다.

④ 호구를 착용하였으면 죽도를 다시 한 번 점검해 봅시다. 죽도가 깨져 있으면 상대방에게 부상을 입힐 수도 있습니다.

5. 도장에서 지켜야 할 규칙.

여러분이 배우고 있는 도장에는 지켜야 할 몇 가지 약속이 있을 것입니다. 어떠한 약속과 규칙이 있습니까. 도장에서 정한 약속과 규칙은 모두가 즐겁고 착실히 배우기 위한 것이므로 항상 지키도록 해야 합니다. 보통 다음과 같은 약속이 있습니다.

① 검도구를 보관하는 방법을 정하고 있습니다. 모두가 제멋대로 놓아 두면 지저분하고 어수선한 느낌을 줄 뿐 아니라 연습에도 방해가 됩니다. 도구를 잘 정리·정돈하는 것도 검도를 잘하기 위해 필요한 공부입니다.

② 절을 하는 방법도 묵상·좌례 등은 몇분 몇초라고 정해 둡니다. 너무 길거나 매일 다르게 하면, 한쪽 눈을 뜨고 보거나

절은 머리를 숙여 3초 정도

실눈을 뜨고 엿보게 되어 보기에 좋지 않습니다. 묵상은 20
초 정도, 절은 머리를 숙여 3초 정도가 적당합니다.

③ 수건에는 검도를 하는데 있어서 중요한 마음가짐 등을 짧게
써넣은 것이 있습니다. 그러한 수건은 그 글씨를 읽어볼 수
있도록 펴서 들고, 읽으면서 '좋다, 하자'라는 마음을 가지고
수건을 쓰도록 합시다.

④ 호면을 쓸 때에는 끈을 가지런히 매도록 합시다. 맨 끈의 길
이는 매듭에서 40cm라고 정해져 있습니다. 또 호완을 끼는
법은 왼쪽을 먼저, 오른쪽을 나중에 끼는 순서로 합니다. 갑
의 끈도 연습 전에 확인해 둡시다.

6. 연습의 약속 사항을 지키자.

앞에서 연습 전의 까다로운 약속을 설명하였습니다. 다음에는
연습 중의 약속을 설명하겠습니다.

① 선생님이 "집합"이라고 하면, "네"하고 대답을 하고 빨리 모
  입시다. 선생님이 설명할 때에는 "네, 알았습니다"라고 대답
  합시다. 그렇게 하는 것이 배우는 사람의 바른 태도입니다.

② 연습 중에 가장 조심할 것은 부상입니다. 죽도가 깨어지거나,
  거스러미가 생기지 않았는지를 항상 살펴보십시오.

③ 연습 중에 아무리 덥고 괴롭더라도 호면을 벗어서는 안 됩
  니다. 계속 버티는 것도 근성을 기르는 한 방법입니다.

④ 연습 중에 선생님으로부터 지적을 받았을 때에는 즉시 고치
  도록 하십시오. 지적을 받은 것에 신경을 쓰면 상대방에게
  맞게 되는데, 그래도 좋습니다. 고치는 것이 우선입니다.

⑤ 연습이 끝나도 명령이 있을 때까지 호면을 벗어서는 안 됩
  니다. 또 호면을 벗었을 때에는 얼굴을 닦기 전에 호면이나
  호완 안의 땀을 먼저 닦는 등, 검도구를 소중히 하는 마음가
  짐이 필요합니다.

⑥ 묵상과 좌례가 끝나면, 선생님 앞에 가서 오늘 연습에 대한
  인사를 하고 다음 연습에서 주의할 사항을 잘 듣고, 다음 연
  습의 목표를 세웁시다.

호구의 점검은
꼼꼼히!

연습이 끝나면 선생
님에게 인사를 한다.

호구를 벗은 후, 먼저
호면 안의 땀을 닦는다.

복습 7　　다리와 허리를 단련하자

검도를 하기 위해서는 강도, 유연성, 속도, 오래 계속할 수 있는 체력 등 여러 가지를 단련해야 합니다. 여러 가지 운동을 하면 어떤 스포츠에도 익숙해져서, 빠르게 움직임을 파악하고 거기에 대응하여 자연히 몸을 움직이게 됩니다.

강한 다리는 검도의 빠른 발동작을 능숙하게 합니다. 또 검도를 하려는 마음이 강해야 하고, 지지 않으려는 마음이 강해야 합니다. 검도는 정신을 단련한다고 하는데, 어떤 일에도 지지 않는 강한 마음을 기릅시다.

part

♦ ♦ ♦ ♦ ♦
♦ ♦ ♦ ♦

9

실전 기술을 연마하자.

실전 기술을 연마하자.

1. 연습에는 없는 긴장감이 있다.

검도에 대하여 많은 것을 공부하였습니다. 현재 전국적으로 검도를 하고 있는 사람이 많이 있습니다. 여러분과 같은 소년·소녀 검사(劍士)가 전국에 많이 있는 것입니다. 그러한 전국의 친구들과 시합을 해 보고 싶지 않습니까. 그 동안 배웠던 기술을 시험해 볼 수 있다는 점에서 시합은 검도가 늘기 위해서는 꼭 필요한 것입니다. 그 시합에 대하여 차례로 설명하겠습니다.

학교 친구들이나 도장의 친구들만을 상대로 하는 시합은 서로의 강점과 약점을 잘 알고 있고, 특기도 잘 알고 있습니다. 그 때문에 평상시의 연습 같아서 긴장감이 별로 생기지 않습니다. 그렇지만, 연습 때 치고 맞는 것과는 달리 시합일 때에는 승패가 확실하므로 약간은 긴장합니다.

다른 도장의 친구들이나, 다른 학교의 선수들이 많이 모이는 대회에서의 시합은 이제까지와는 그 긴장감이 전혀 다릅니다. 이른바 심리적 압박감이 생겨 생각대로 몸이 움직여지지 않는 것입니다.

또한, 검도는 자기와의 싸움이기도 합니다. 대회에 출전하기 위해서는 건강을 유지하고, 체력을 축적해 두어야 합니다. 강한 상대를 예상하고 그 이상의 힘이 나오도록 마음의 준비를 하는 것이 필요합니다.

▲ 실전은 상대방과의 싸움인 동시에 자기와의 싸움이기도 하다.

2. 시합에 대비하여 미리 계획을 세우자.

시합은 이제까지 연습해 온 실력을 시험하기에 좋은 기회입니다. 시합에 나가 지게 되면 모처럼의 연습과 노력이 아깝습니다. 3주일 정도 전부터 시합을 대비한 계획을 충분히 세웁시다.

① 시합 날짜가 결정되면, 어떤 상대에도 지지 않도록 강한 체력을 유지합니다. 격자 연습과 연공 연습을 평시보다 많이 하여 체력을 단련합니다. 몸무게가 약간 줄지도 모릅니다. 그래도 참고 1주일 정도 연습을 계속하면 몸이 매우 가벼워집니다. 이것이 처음 1주일간의 연습입니다.

② 2주일째에 들어가면, 연습 시간을 조금 줄이고, 짧은 시간 안에 빨리 움직이는 연습을 합니다. 격자 연습이나 연공 연습도 1회의 시간을 짧게 하여 빠른 속도를 기르는 연습을 합니다. 그리고 잠을 충분히 자두어서 피로가 남지 않도록 합시다.

③ 이제 시합 1주일 전입니다. 선생님이나 상급생으로부터 시합의 경험담을 들어두는 것이 좋습니다. 연습은 정확한 '한판'이 되는 격자 방법으로 기본기를 중점으로 합니다. 연공 연습은 20초간 5회 정도, 다른 연습은 1분 정도로 하여, 최초의 한판을 딸 생각으로 긴장감을 늦추지 말고 많은 상대와 연습을 합니다. 원진 시합이나 정식 규칙에 따라 시간과 코트의 사용법 등을 결정하여 연습 시합을 하는 등 집중적인 연습을 하십시오.

● 3주일 전
격자의 연습

● 2주일 전
속도를 기르는 연습

● 1주일 전
선생님이나 선배로부터 시합 경험담을 듣는다.

● 시합 당일

자신을 가지고 시합에 집중한다.

3. 시합 전날에는 마음의 안정을 취한다.

어느덧 시합은 내일. 연습 시간을 줄여 왔으므로, 피로는 남아 있지 않으리라고 생각합니다. 자, 내일을 위해 준비를 합시다.

도복의 상의와 하의, 죽도, 호구를 조사하여 시합 중에 끈이 떨어지거나, 호구나 죽도가 깨어지거나 하지 않도록 손질을 해둡니다. 또 수건을 잊지 않도록 하십시오. 긴장하면 배가 아파지는 사람은 그에 대비하여 약을, 그리고 부상을 당하는 경우를 생각하여 간단한 구급약 등을 준비하여 두면 좋을 것입니다.

저녁 식사는 소화가 잘 되는 것을 약간 적게 먹어서 위에 부담이 되지 않도록 합시다. 시합이나 시험 전날은 긴장하게 되면 머리에 피가 모여 위에는 많이 돌지 않으므로, 위의 작용이 둔해지기 때문입니다.

휴대품의 준비가 완료되면, 그 다음은 마음의 준비를 합니다. 시합만 생각하지 말고, 여유를 가질 수 있는 것을 하면 좋을 것입니다.

예를 들면, TV를 본다든가, 만화를 본다든가, 책을 읽는다든가, 책상을 정리한다든가 하여 여유를 가질 수 있도록 합시다. 그리

▲ 시합에 나가 자기의 실력을 시험해 보자.

고, 내일을 위하여 일찍 자도록 합시다. 너무 일찍 자려고 하면 잠이 오지 않는 경우가 있습니다. 평상시보다 1시간 정도 빨리 자면 좋을 것입니다. 시합 전날이나 여행 전날 등은 흥분이 되어 잠이 오지 않는 법입니다. 잠을 못 자도 너무 신경을 쓰지 마십시오. 누워 있는 것만으로도 몸은 휴식을 취하게 되고, 아침까지 잠을 못 자도 좋다는 느긋한 마음으로 누워 있으면 어느덧 잠들게 됩니다.

마음을 여유롭게

호구의 점검

일찌감치 잠자리에 든다.

161

4: 시합장에는 미리 도착하도록 한다.

● 시합날 ●

아침에 일어나면 밖으로 나가서 크게 심호흡을 합시다. 상쾌한 아침입니까. 당신은 이제까지 열심히 연습하였지요. 다시 한 번 잊은 것이 없는지 점검해 보십시오. 잊고 두고온 물건이 있어 신경을 쓰면, 마음이 산란하여 시합에 영향을 미칩니다. 마음을 집중해야 한다는 것을 생각합시다.

아침 식사는 잘 씹어 먹어 소화가 잘 되도록 합시다. 시합장까지의 교통편은 어떻게 되어 있습니까. 시합장까지의 시간을 계산하여 일찍 출발합시다. 시합장에서의 준비 운동은 몸에 땀이 날 때까지 30분은 필요하고, 도복이나 호구를 착용하는 시간 등을 모두 계산에 넣어 여유를 가지고 출발하십시오.

시합 시간이 가까워지면 목이 마르지만, 물을 마셔서는 안 됩니다. 입에 넣고 양치질하듯 하고 뱉는 것은 좋습니다. 점점 흥분되어 화장실에도 가고 싶어지는데, 그것은 누구나 마찬가지입니다. 참지 말고 다녀옵시다. 모든 면에서 침착하게 시합을 맞이하여야 합니다.

● 시합 개시 ●

드디어 당신의 차례입니다.
㉠ 상대방이 키가 큽니까.
거리를 두고 움직이십시오.
㉡ 상대방이 강하게 보입니까.
기죽지 말고 기합 소리를 크게 내십시오.
㉢ 상대방이 키가 작습니까.

움직임에 주의하십시오.
㉣ 상대가 약하게 보입니까.
얕보지 말고 침착하게 상대방을 보십시오.

기합 소리를 크게 질러 투지를 나타내고 상대방을 잘 보면서,
평소 연습을 통해 갈고 닦은 기량을 마음껏 발휘해 봅시다.

5. 패배의 원인을 찾아내자.

●싸움은 끝났다●

'예상 외의 승리는 있지만 예상 외의 패배는 없다'라는 말이 있습니다. 무슨 뜻이냐 하면, 시합에서는 평소보다 더 열중하여 자기도 모르게 이기거나, 연습에서도 할 수 없는 좋은 타이밍으로 멋진 기술이 나와 이길 수도 있고, 어떠한 상대라도 틈이 있는 것이므로 약한 쪽이 이기는 일도 있을 수 있습니다. 그런데 이상하지요. 질 때에는 반드시 지는 원인이 있다는 것입니다.

많은 시합을 치르다 보면 아주 강한 상대를 이길 수도 있고, 훨씬 약한 상대에게 질 수도 있습니다. 강한 상대를 이겼을 때 나중에 "좋은 기술이었다."라는 말을 들었는데도, 그것이 어떤 기술이었는지 모를 때도 있을 것입니다. 그러나, 시합에서 졌을 때에는 진 이유가 분명히 있습니다. 방심하였다든가, 상대방의 공세에 밀렸다든가, 이것 저것 생각하면서 주저하다가 얻어맞았다든가 하는 등의 이유 말입니다. 따라서, 시합이 끝나면 그러한 경우를 두 번 다시 되풀이하지 않도록 반성하는 자세가 필요합니다.

이겼을 때 함부로 떠들거나, 졌을 때 심판의 탓으로 돌리거나, 또는 여러 가지 이유를 들어 자기가 진 것에 대하여 불평을 늘어 놓는 사람이 있는데, 그것은 좋지 않는 태도입니다. 진 것은 진 것이므로 깨끗이 승복하는 것이 검도인의 올바른 자세입니다.

시합이 끝나면 그 날 시합에 진 원인, 이겼을 때의 기술이나 그 때의 마음가짐 등을 기록해 놓는 것이 필요합니다. 스코어 북과 같은 것을 만들어 두고, 기록을 남겼다가 반성회를 여는 것도 좋습니다.

졌을 때에는 반성

반성할 점을 잊지 않도록 일기를 쓰자.

복습 8 다루기 어려운 상대를 극복하자

　검도에도 상대방에 따라 기술이 잘 먹히는 편한 타입과 왠지 거북스러운 타입이 있습니다.

　강한 팀의 이름만 들어도 기가 꺾이는 사람도 있습니다. 상대방에 따라 강해지거나 약해지거나 하는 일이 있어서는 안 됩니다.

　그래서 시합 전에는 될 수 있는 대로 상대하기 어려운 상대와 연습을 하거나, 상대하기 어려운 상대를 예상하여 연습을 하는 것도 필요합니다. 그러나, 시합이 시작되어서도 그것만 생각하는 것은 좋지 않으므로 주의하십시오.

　검도에서는 '대담하면서도 세심하라'는 말이 있습니다. 마음을 냉정하고 침착하게 유지하여 상대방을 잘 보고, 일단 공격할 때에는 주저없이 과감히 하려는 자세가 필요하다는 것을 다시 한번 강조합니다.

part

: : : : :
: : : : :

10

검도의 교훈 - 옛부터의 가르침

1. 공격심을 갖자.

검도는 옛부터 많은 무사나 검도가가 고심하여 연구해 왔습니다. 그래서, 기술뿐 아니라 상대방에게 지지 않는 마음에 대하여 표현한 격언이 지금도 좋은 가르침으로 전해져 오고 있습니다.

① 손바닥놀림

'손바닥'이란 죽도를 잡는 법을 말합니다. '놀림'이란 칠 때 손을 조이는 상태를 말합니다. 야구에서도 이 손의 조임을 잘하고 못함에 따라 안타가 되거나 범타가 되는 차이가 나는데, 검도도 좌우 손바닥을 조이는 상태가 '한판'이 되느냐 안 되느냐의 열쇠를 쥐고 있습니다. 옛부터 '차수건짜기' 등의 말로 손바닥놀림를 표현하였습니다.

차수건짜기   나쁜 자세

② 공격한다는 것

두 사람이 죽도를 맞대었을 때, 치려는 마음이 이기고 있는 쪽이 공격적이고, 질지도 모른다고 생각하고 있는 쪽이 공격을 받게 되는 것입니다. 공격하려는 마음이 있으면, 자연히 상대방을 밀면서 앞으로 나갑니다. 공격하려는 마음도 없이 앞으로 나가면, 나가는 순간에 얻어맞게 되므로 주의하십시오. 검도는 마음도 기

마음의 허술함

기합을 넣는다.

술도 공격 자세로 임하는 것이 중요합니다.

③ 틈

'틈'이란 틈새를 말합니다. 즉, '허술함'입니다. 상대방이 마음의 허술함, 자세의 허술함을 보이면 그때가 바로 치는 기회입니다. 기합이 몸에 넘치는 사람은 마음에 틈이 없습니다. 바른 자세를 취하고 있는 사람은 '자세'에 틈이 없고, 또 서로 맞쳐도 자세가 흐트러지지 않는 사람은 '동작'에 틈이 없다고 합니다.

ㄹ· 순간적인 기회를 놓치지 말고 치자!

④ 간격과 타이밍

'간격'이란, 자기와 상대방과의 거리를 말합니다. 자기에게는 꼭 치기 쉬운 거리라도 상대방에게는 너무 먼 느낌이 드는 경우도 있어서, 간격은 사람에 따라 다릅니다. 가장 좋은 것은 자기는 치기 쉽고 상대방은 치기 어려운 간격인데, 그렇게는 잘 되지 않습니다. 그래서, 어느 쪽도 치기 어려운 거리에서 서로 공격하여, 기회라고 생각되면 자기에게 맞는 간격으로 들어가서 즉각 치는 것이 가장 좋습니다. 그 순간적인 기회가 바로 '타이밍'입니다. 이것을 치는 타이밍 또는 장단, 박자 등이라는 말로 표현합니다.

간격은 몸의 크기에 따라 키가 큰 사람은 멀리서도 좋고, 키가

▲ 기회를 놓치지 않고 치는 것이 중요.

간격

작은 사람은 가까운 것이 좋은 것 같습니다. 그러면, 키가 큰 사람이 언제나 유리하냐고 하면, 그렇지도 않습니다. 또 키가 작은 사람은 가까운 곳에서의 접근전에 강하다고 하지만, 그렇지 않는 경우도 있습니다. 중요한 것은 언제 기회를 잡느냐일 것입니다.

⑤ 호흡

사람은 숨을 들이쉴 때에는 빠른 동작을 할 수 없다고 합니다. 옛날 사람들은 상대방이 숨을 쉬는 것을 보다가 상대방이 호흡하는 것을 노려 치라고 하였습니다. 호흡을 재는 것은 기회를 노리기 위한 것입니다.

들이쉰 다음에 '야' 하고 기합 소리를 지르면서 힘을 냅니다. 상대방의 호흡을 잘 보고 칩시다. 괴로워서 호흡이 거칠어져서는 안 됩니다. 상대방도 이쪽의 호흡을 잽니다. 괴롭더라도 태연하게 가장하는 것이 중요합니다.

3. 칼끝을 상대방 목에 댄다.

⑥ 칼끝의 작용

'칼끝을 바싹 대라'라는 말이 있습니다. 정말로 칼끝을 목에 바싹 갖다 댄다면, 무서워서 앞으로 나올 수 없습니다. 칼끝을 대는 법은 이러한 방법이 가장 좋은 것입니다. 상하로 움직이거나, 빙글빙글 돌리는 것은 보기는 좋으나, 순간적으로 상대방의 중심에서 칼끝이 벗어나기 때문에 공격력이 약해집니다. 가장 좋은 것은 공격하는 기력이 칼끝에 전달되어, 상대방의 중심인 목을 겨냥한 채 공격하는 것입니다.

⑦ 선수(先手)

▲ 칼끝을 상대방의 목에 바싹 댄다.

172

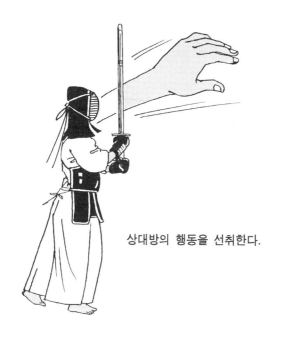

상대방의 행동을 선취한다.

상대방이 치려고 움직이기 전에, 자기가 먼저 상대방을 치는 것을 '앞선수'라고 합니다. 나올 때 치는 기술도 그 하나인데, 나올 때 치기보다도 더 빠르게 상대방이 치려고 생각하는 순간에 치는 경우도 있습니다.

'대응선수'는 상대방과 동시에 움직여 서로 맞치는 것입니다. 이쪽은 이미 상대방의 움직임을 계산하고 있다가, 비켜 허리치기라든가, 눌러내려 손목치기 등을 사용하여 이기는 것입니다.

'뒤선수'는 쳐나오는 것은 상대방이 먼저이지만, 그것을 여유 있게 받거나 스쳐올려, 거꾸로 상대방의 치기를 이용하여 상대방을 공격하는 것입니다. 머리치기 스쳐올려 머리치기, 머리치기 되돌려 허리치기 등은 뒤선수의 기술입니다.

이상이 세 가지 선수인데, 그 중에서도 '앞선수'의 기술이 나오도록 연습합시다.

그렇게 하면 '대응선수'도 '뒤선수'도 쉽게 할 수 있게 됩니다.

ㄴ. 기회는 반드시 살리자.

⑧ 치는 기회＝놓쳐서는 안 될 때

옛날 사람들은 '놓쳐서는 안 될 때'라고 하였습니다. 즉, 놓쳐서는 안 될 치는 기회를 말하는 말입니다. '세 가지 놓쳐서는 안 될 때'란,

㉠ 상대방이 움직이기 시작할 때.

－앞으로 나오려는 순간.

㉡ 받아 멈추었을 때.

－상대방이 이쪽의 격자를 받았을 때 반드시 틈이 생기므로 그 순간을 노리라는 말.

㉢ 상대방의 공격이 끝났을 때.

－상대방의 격자가 그쳤을 때.

이상 세 가지를 말합니다. 또한.

㉣ 상대방이 물러설 때.

－상대방이 이쪽의 격자나 공세에 밀려 후퇴하였을 때.

㉤ 정지하였을 때.

－상대방의 동작이 멈추었을 때.

등 ㉠~㉤까지를 '다섯 가지 놓쳐서는 안 될 때'라고 합니다.

⑨ 심기력(心氣力)의 일치＝기검체(氣劍體)의 일치

상대방을 잘 보고 생각하는 마음, 용기있는 기력, 그리고 기술을 갖춘 힘이 하나가 되어 '한판'의 기술이 됩니다. 기검체의 일치도 같은 의미인데, 알 수 있겠지요.

⑩ 존심(存心)

'한판'을 땄다고 생각하는 순간에 마음을 놓으면, 거꾸로 상대방에게 얻어맞는 경우가 있습니다. '한판'을 땄다고 생각되어도

동작 후에 틈이 생긴다.

기 검 체

마음을 놓지 않는 것을 '존심'이라고 합니다. 그러나, 힘을 아직 남겨 두자는 마음으로 온 힘을 전부 내지 않으면 '한판'을 딸 수가 없습니다. 모든 힘을 다 내도 다시 상대방의 반격에 대비하는 마음, 몸 자세, 정신 자세가 중요합니다. 검도에서는 격자 후에도 그 결과를 지켜 보는 마음이 중요합니다.

5. 상대방에게 기가 죽지 않는 부동심(不動心)을 갖자.

⑪ 지심(止心)

상대방이 강해 보인다거나, 이번에는 이 기술을 써보겠다는 등, 한 가지 일에만 마음이 구애되는 것을 '지심'이라고 합니다. 그래서는 이길 수 없습니다. 어떤 상대가 어떤 기술을 써올지 모릅니다. 마음을 넓게 가지고 어떻게 나와도 좋다는 마음가짐이 중요합니다. 상대방의 허리에 틈이 생겼는데도, 머리만 치는 사람이 있습니다. 그 사람에게는 지심이 생기고 있는 것입니다.

⑫ 부동심(不動心)

마음이 흔들려서는 이길 수 없습니다. 어떠한 상대라도 평상심을 유지하는 마음을 '부동심'이라고 합니다. 손목을 칠까 하고 약간 칼끝을 내리면, 얼른 손목을 방비한다거나, 조금 위협을 가하면 즉시 치고 나오는 사람은 부동심이 없는 사람입니다. 그렇다고, 부동심 부동심이라고만 생각하고 움직이지 않으면 거꾸로 얻어맞습니다.

⑬ 삼살법(三殺法)

상대방의 칼과 기술과 기력을 죽여서 상대방이 손도 발도 못 나오도록 하여, 이쪽이 완전히 이기는 것을 말합니다. 죽도만 뿌리쳐서도 안 됩니다. 상대방의 기술을 제압하여도 아직 모자랍니다. 상대의 기세까지도 누를 수 있는 기술로 상대방을 공격해서 이겨야 참된 승리라고 할 수 있습니다. 손끝의 기술에만 의지하지 않고, 죽도도 기술도 상대방의 마음까지도 자기의 것으로 만드는 것을 '삼살법'이라고 합니다.

6. 시합에서는 평상심(平常心)이 가장 중요하다.

⑭ 현대(懸待)의 일치

치려는 마음만으로는 안 됩니다. 지키려는 마음만으로도 안 됩니다. 적극적으로 공격하려는 마음과 상대방이 어떻게 나오더라도 대응할 수 있는 마음을 동시에 가지고 승부하는 것이 중요하다는 말이 '현대의 일치'입니다.

⑮ 4계(四戒)

놀라거나, 두려워하거나, 의심하거나, 망서리거나 하는 마음을 주의한 말입니다. 한자로는 '경(驚)·구(懼)·의(疑)·혹(惑)'입니다. '큰 상대구나'라고 놀라거나, '질 것 같다'고 두려워하거나, '머리치기를 잘 할지도 모른다'라고 의심하거나, '손목치기를 할까, 허리치기를 할까' 하고 망서리거나 하여서는 안 된다는 것입니다.

⑯ 평상심

시합에 들어가기 전에 많이 하는 말이 있습니다. 흔히 '연습은 시합처럼, 시합은 연습처럼'이라고 하는데, '평상시의 마음으로' 라는 뜻입니다. 그렇지만 그렇게 잘 안 되지요. 시합 때에는 흥분이 되어, 마음대로 되지 않습니다. 그러나 상대방도 흥분되어 있습니다. 문제없다고 마음을 안정시키십시오.

⑰ 허(虛)와 실(實)

상대방의 죽도 끝에 살짝 대어 보십시오. 겉과 안이 어느 쪽이 강합니까. 상대에 따라 각각 강한 부분과 약한 부분이 있습니다. 공격할 때에는 상대방의 약한 부분을 공격하고, 강한 부분은 피하도록 합니다. 그것을 허를 치고 실을 피한다고 합니다. 죽도의 표리뿐만 아니라, 기술의 표리, 마음의 표리를 간파하여 공격합시다.

劍 道

Part 10 검도의 교훈 - 옛부터의 가르침

ㄱ. 거울과 같이 맑은 마음으로 나가자.

⑱ 수파리(守破離)

㉠ 처음에는 선생님의 가르침을 잘 지켜, 기본대로 바르게 검도를 배우고,

㉡ 다음에는 그 단계를 넘어서 자기에게 맞는 기술을 연구하거나, 다른 사람의 장점을 본받아 실력을 기르고,

㉢ 드디어, 그들 모두로부터 떠나서 명인의 경지에 이른다.

는 것입니다.

이것은 수행의 단계를 가르치는 말입니다.

⑲ 일안 이족 삼담 사력(一眼 二足 三膽 四力)

상대방의 힘이나 기술을 정확히 판단하는 눈, 스피드있는 동작의 기초가 되는 발, 결단력있게 마음을 정하는 담력, 그리고 정확

180

거울처럼 맑은 마음을 유지한다.

하고 세련된 기술이 가해진 힘, 이것을 중요한 순으로 놓은 말입
니다. 그러나, 이들 중 하나라도 빠져서는 안 됩니다.

⑳ 호의심(狐疑心)

옛날에 여우는 의심이 많은 동물, 사람을 속이는 동물로 생각
되었습니다. 여기에서 생겨난 말로, '상대방을 의심하여, 어떻게
할까'라고 생각하는 마음을 말합니다. '머리를 치려고 하면 허리
를 얻어맞는 것은 아닐까'하고 의심하는 마음입니다. 그렇지만
여우는 나쁜 동물은 아닙니다.

㉑ 명경지수(明鏡止水)＝무념무상(無念無想)

마음이 거울처럼 맑아서, 흐림이 없는 것을 말합니다. 그렇게
하면 상대방의 마음이 이쪽 마음에 비친다고 합니다. 맑은 마음
으로 상대방과 칼을 맞댄다는 것이 검도의 중요한 가르침입니다.

8· 죽도는 잘 손질하여 보관해 두자.

운동 선수는 건강을 최우선으로 생각하고, 폭음 폭식을 삼가해야 합니다. 그러나, 그런 줄 알면서도 자칫 맛있는 것은 과식하고, 즐거운 일이 있으면 밤 늦게까지 놀게 됩니다. 사람의 마음은 약한 것입니다.

항상 건강하게 살려고 노력하는 것은 누구에게도 당연한 것이지만, 좀처럼 그렇게는 되지 않는 것입니다. 다만, 내일도 연습이 있으니 조심하자는 마음이 중요합니다. 그렇게 하면 무리를 하지 않는 법입니다.

스포츠에는 부상이 따르기 마련입니다. 검도에서도 가끔 부상이 있을 수 있습니다. 다만, 자신의 부주의로 상대방에게 부상을 입히는 것은 절대로 피해야 합니다. 그러면, 검도를 하는 데 있어서의 안전과 부상의 대처 방법 등에 대하여 설명하겠습니다.

① 죽도의 안전에 대하여

죽도가 쪼개져서 큰 부상을 입거나, 생명에 관계되는 사고가 이제까지 몇 번 있었습니다. 가장 무서운 것은 머리를 쳤을 때 죽도가 쪼개져서 그대로 호면 안으로 들어가 버리는 것입니다. 그러므로 죽도는 잘 손질하여 쪼개져 있지 않은가, 거스러미가 없는가, 등줄이 느슨해지지 않았는가, 중혁이 느슨해지지 않았는가 늘 확인하십시오. 연습 중에도 점검하는 습관을 기릅시다.

요즈음 대나무 대신에 튼튼한 화학 제품으로 만든 죽도가 팔리고 있는데, 손질을 잘하지 못하는 초등학생에게는 안전면에서는 좋다고 생각합니다. 그리고 눈보호대를 착용하여 연습하면 더욱 안전합니다.

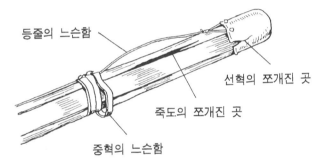

등줄의 느슨함

선혁의 쪼개진 곳

죽도의 쪼개진 곳

중혁의 느슨함

항상 점검하는
습관을 기르자.

٩. 도복과 호구는 단정하게 착용하자.

② 도복의 상의·하의, 호구의 안전

도복의 상의는 소매가 팔꿈치가 덮일 정도의 길이가 알맞습니다. 길다고 소매를 걷어 올리는 사람이 있는데, 이것은 부상의 위험이 있습니다. 도복이 두껍고 튼튼해야 맞았을 때 충격을 줄일 수 있습니다.

앞에서 설명했듯이 하의는 너무 길면 발에 감겨 넘어지거나, 뒤로 물러설 때 밟혀 넘어질 수 있으므로 움직이기에 적당한 길이어야 합니다. 즉 앞이 길고 뒤가 짧아야 합니다.

호구는 단정하게 착용합시다. 갑끈이 풀리거나 매는 것을 잊어

소매는 팔꿈치가 덮일 정도의 길이어야 한다.

하의는 앞이 내려오고 뒤가 올라가도록.

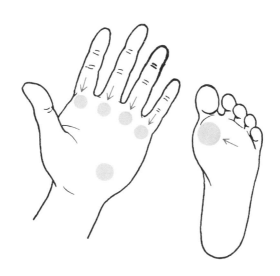

물집을 터뜨릴 때 바늘로 찌르는 방향.

버리면, 갑이 벌어져 배를 찔리는 일도 있습니다. 연습 중에 풀리지 않도록 끈을 단단히 매십시오.

호면은 바르게 쓰고, 끈을 맨 후 귀밑에 손을 넣어 벌려 주십시오. 면포가 귀에 바싹 닿아 있으면, 잘못하여 귀를 맞아 고막이 다칠 수도 있습니다. 갑상도 연습 중에 돌아가지 않도록 단단히 매십시오.

③ 손이나 발 등의 부상 치료

공간치기를 하다보면 손바닥에 물집이 생깁니다. 격심한 연공 연습으로 발가락이 찢어지거나, 큰 물집이 생기기도 합니다. 물집은 터지기 전에 소독한 바늘로 찔러 물을 빼고, 약을 바르고 찜질을 합시다. 새살이 돋을 때까지 껍질을 벗기지 않도록 합시다.

일일 연습 계획표(예)

시 간	연습 내용	주의 사항
10분	준비 운동	• 동작을 크고 확실하게 한다. • 특히 손목과 발목을 중점적으로 풀어 준다.
10분	발동작·홀로 공간치기·전진·후퇴로 상하·정면·좌우 홀로 공간치기 및 연속 홀로 공간치기	• 상대방이 앞에 있다고 생각하고 연습을 한다. • 홀로 공간치기는 큰소리를 내며 큰 동작으로. • 서서히 속도를 높인다.
5분	호구 착용·대형 짓기	• 올바르고 확실하게 착용한다.
15분	기본 응용 기술의 연습 되돌려치기 기본기 응용 기술	• 초급자는 다양한 기술보다는 머리치기 등의 기본기를 반복한다. • 숙달되면 서서히 응용 기술을 하게 되는데, 우선 공세 기술을 중심으로 한다.
5분	호구와 죽도의 점검	• 정좌하여 행한다.
10분	공격 연습	• 착실히 타격한다. • 체력이 다할 때까지 한다. • 짧고, 격하게, 쉴새 없이 공격을 반복한다.
5분	호구와 죽도의 점검	• 손상된 죽도는 바꾼다.
20분	호격 연습	• 연습 상대는 지도자나 상급생으로. • 항상 실전 같은 기분으로 행하고, 보다 많은 사람과 맞서도록 한다. • 맞는 것도 연습의 한 과정이다. • 상대의 선의 선을 잡는 것이 중요하다. • 끝나기 전 몇 분간은 동급생과 하는 것도 좋다. • 초급자는 연습 상대와 맞서서 되돌려치기, 공세 연습을 행한다.
10분	기본기·되돌려치기	• 공세 연습, 호격 연습으로 흐트러진 자세나 타법을 바로잡기 위한 기본기 연습.
5분	호완과 호면을 벗는다.	• 정렬한 후 정좌하여 행한다.
5분	정리 운동	• 천천히 큰 동작으로 여유를 가지고 행한다.

part

11

부 록

우리 나라 검도의 역사

예로부터 검을 배우는 것을 수도검(修道劍)이라 하였는데, 수도(修道)란 도가(道家)의 정좌법(靜坐法)을 말한다. 이는 단전호흡(丹田呼吸)과 기(氣)의 단련으로 심신을 수양하는 것인데, 대개의 무사들이 이를 중요시하였다고 전해진다. 무예에 조예가 깊다는 것은 일찌기 그 무술이 도(道)의 경지에 들어서는 것이라고 생각하였던 것이다.

정좌법 이외에 무예에 큰 영향을 끼친 것이 중국 선종(禪宗)의 좌선(坐禪)이다. 달마조사(達磨祖師)가 저술한 《역근경(易筋經)》은 그러한 내공(內功)을 통한 심신 단련법을 설명한 책이다. 선종(禪宗)이 우리 나라에 전래될 때 이러한 좌선법에 중점을 두는 무예 역시 전래되었으리라고 추측된다.

병기를 보면, 중국에서는 도검(刀劍)과 창극(槍戟 : 끝이 갈라진 창)이 주로 사용되었고, 우리 나라에서는 검(劍)·도(刀)·창(矛) 그리고 활(弓)이 주로 사용되었다고 한다. 삼국 시대에 이르러 잦은 전쟁의 과정을 통하여 각국은 나름대로 무예와 전법(戰法)의 발전을 꾀하였다. 고구려는 대륙으로의 팽창을 꾀하는 가운데 북부 중국의 병법과 유사하게 기마전과 긴 병기의 사용에 능숙한 반면, 백제는 수전(水戰)에 능하여 짧은 검의 사용에 능하였으리라고 추측되나, 유감스럽게도 자세한 검술의 원형은 전해지지 않는다.

신라는 귀족 무사 집단인 화랑을 제도적으로 적극 육성하여 신라가 삼국통일을 이루는 데 결정적인 기반을 닦았다. 이 화랑의 무예와 그 수련에 있어서의 풍류는 최치원(崔致遠)이 전하는 현묘지도(玄妙之道), 즉 신라의 고유한 선도(仙道)에 의한 것이라고 하는데, 이것은 우리 나라에도 고유한 무도가 있었음을 밝히는 최초의 증언이다.

《무예도보통지(武藝圖譜通志)》에 전하는 본국검(本國劍)은 신라검(新羅劍) 또는 신검(新劍)이라고도 일컫는데, 신라에서 성립된 우리 고유의 검술이다. 본국검은 신라 화랑들이 무술 연마와 아울러 실전에서도 사용하였던 검술로서, 이것이 전수되어 고려·조선 시대에는 보졸(步卒)이 환도(環刀)를 사용하여 행하는 검술이 주로 본국검술이었다고 한다. 본국검은 신라 사람 황창랑(黃倡郞)이 창안하였다고 전하여진다. 칼춤을 추다가 백제의 임금을 찌르고 죽음을 당한 그의 공적을 기리어 후인들이 그의 검법을 흉내내어 칼춤을 추던 것이 전해 내려오는 것이라고 한다. 본국검은 칼춤과의 연관에서도 볼 수 있듯이 무술과 예술이 혼연일체가 된 무예라고 할 수 있다.

조선 시대에 이르러 정책적으로 무(武)를 천하게 취급하였으나 민간에 의해 여러 고유의 검법이 비전(秘傳)되었는데 점차 시간이 흐름에 따라 쇠잔하여 갔다. 임진왜란은 당시 국가의 무력적 기반이 되던 무예에 대한 주의를 환기시키는 계기가 되었다. 대체로, 우리 나라는 진법(陣法)에 의한 병법이 주가 되었으나 전쟁 중에 단병접전(單兵接戰)의 중요성을 재인식하게 되어 임진왜란 이후 무술을 장려하고 국가적으로도 지원하여 본국검을 비롯하여 쌍수도(雙手刀)·예도(銳刀)·제독검(提督劍)·쌍검(雙劍)·마상쌍검(馬上雙劍)·월도(月刀)·마상월도(馬上月刀)·협도(挾刀) 등 중국식 검술과 왜검(倭劍)을 가르쳤다. 임진왜란 중 모습을 보인 왜검은 숙종(肅宗) 때에 군교(軍校) 김체건(金體乾)에 의해 전해졌다고 한다. 사도세자는 본국검을 위시하여 월도·협도·예도·제독검·쌍검·왜검·교전·긴죽창·기창·권법·

편곤의 12기를 이전의 6가지 기예와 합하여 정규 무술로 수련하게 하니 이것이 이른바 18반(혹, 18기) 무예이다. 정조 때에는 기창·마상월도·마상쌍도·마상편곤·격술·마상재의 6기를 더하였다. 우리 고유의 검술이 계속해서 이어오지 못하고 침체되고 만 것은 그 이후로도 계속된 당쟁과 숭문천무(崇文賤武)의 기풍, 그리고 서구 문명이 침투하는 과정 중이었기 때문이다. 신식 군대의 편성과 훈련 등은 결정적으로 우리 고유의 검법과 검술을 사장(死藏)시켰다.

고종 때에 군제를 개혁하여 서양식으로 병졸의 훈련을 개시한 후로는 검술·창술 및 기타 모든 것이 그 명맥도 유지하지 못한 채 거의 자취를 감추었다. 그 뒤 1896년(고종 33) 경무청에서 경찰 훈련과 육군연무학교의 군사 훈련 과목에 검술 과목이 채택되면서 널리 보급된 것이 오늘날의 검도이다.

1916년에는 사립 오성학교에서 검도 교육 시설을 갖추어 일반 청년층을 지도했고, '21년에는 조선무도관이 설립되어 보급이 진척되었으며, '27년부터는 중학교 교과목으로 채택되면서 더욱 발전하였다.

그러나 광복 후 검도는 일제의 잔재라고 인식되어 쇠퇴하기 시작하다가, '48년 재경 유단자들이 모여 대한검사회를 조직하여 그 명맥을 유지시켰으며, '49년에는 경찰상무회를 조직하고 시·도지부를 설치하였다. '53년에는 대한검도회의 창립과 동시에 대한체육회에 가입하고 각 시·도에 사범을 배치하여 발전의 기틀을 마련하였다. '65년에는 국제 사회인 검도구락부가 조직되어 대만에서 1회 대회를 개최하였으며, 이때 우리 나라도 가입하였다.

그 뒤 지금까지 3년마다 1번씩 대회가 열리고 있으며, '88년에는 제7회 세계대회가 서울에서 개최된 바 있다.

우리 고유의 검술인 본국검

우리 고유의 전통적인 검술에는 본국검(本國劍)이 있다. 이 본국검은 신라검 또는 신검(新劍)이라고도 한다. 본국검은 신라 화랑들이 무술 연마와 아울러 실전(實戰)에서도 사용하였던 검술로서, 이것이 전수(傳授)되어 고려·조선 시대에는 보졸(步卒)의 환도(環刀)로써 행해졌다. 이 검술은 중국에까지 전하여져서 신라검이라고 부르게 되었다.

조선 정조(正祖) 때 편찬한 《무예도보통지(武藝圖譜通志)》에 이십사반무예(二十四般武藝)의 한 종목으로 수록된 본국검의 검법(劍法)은, ① 지검대적세(持劍對賊勢), ② 진전격적세(進前擊賊勢), ③ 금계독립세(金雞獨立勢), ④ 후일격세(後一擊勢), ⑤ 맹호은림세(猛虎隱林勢), ⑥ 안자세(雁字勢), ⑦ 직부송서세(直符送書勢), ⑧ 발초심사세(撥艸尋蛇勢), ⑨ 표두압정세(豹頭壓頂勢), ⑩ 조천세(朝天勢), ⑪ 좌협수두세(左挾獸頭勢), ⑫ 향우방적세(向右防賊勢), ⑬ 전기세(展旗勢), ⑭ 좌요격세(左腰擊勢), ⑮ 우요격세(右腰擊勢), ⑯ 후일척세(後一刺勢), ⑰ 장교분수세(長蛟噴水勢), ⑱ 백원출동세(白猿出洞勢), ⑲ 우찬격세(右鑽擊勢), ⑳ 용약일척세(勇躍一刺勢), ㉑ 향전살적세(向前殺賊勢), ㉒ 시우상전세(兕牛相戰勢) 등 22법(法)이다.

예로부터 전해 오는 우리의 검법은 안법(眼法) 즉 시선(視線)을 쓰는 법, 격법(擊法) 즉 칼로 치는 법, 세법(洗法) 즉 칼로 베는 법, 척법(刺法) 즉 칼로 찌르는 법 등 4법이 기본인데, 본국검에는 안법 6, 격법 5, 세법 4, 척법 7을 배분하여 22자세를 벌인 것이다. 임진왜란을 겪고 무술의 중요성이 크게 고조되어 새로이 외국의 검술을 배우고 정리하였는데, 《무예도보통지》에 수록된

Part 11

우리 고유의 검술인 본국검

검술에는 본국검을 비롯하여 쌍수도(雙手刀)·예도(銳刀)·제독 검(提督劍)·쌍검(雙劍)·마상쌍검(馬上雙劍)·월도(月刀)·마상 월도(馬上月刀)·협도(挾刀) 등 중국식 검술 8종과 왜검(倭劍)이 들어 있다.

조선 숙종(肅宗) 때에 군교(軍校) 김체건(金體乾)이 일본으로 가는 통신사(通信使)를 따라갔다가 검보(劍譜)를 얻어 그 검술을 배워가지고 와서 퍼뜨리니 이것이 왜검(倭劍)이다. 이 왜검은 토 유류(土由流)·운광류(運光流)·천류류(千柳流)·유피류(柳彼流) 의 4개 유파(流派)가 전하였다. 이 왜검의 기법(技法)은 머리치 기(정면·오른쪽머리·왼쪽머리), 손목치기(오른쪽·왼쪽), 허리 치기(오른쪽·왼쪽), 찌르기(목 부분)의 4법을 주로 구사하는 검 술이다.

근대(近代)에 이르러 검술은 전투 투기로서의 위력을 잃게 되 고 정신 수양을 목적으로 하는 체육이나 호신술(護身術)로 정착 되었으며, 따라서 그 명칭도 검도(劍道)로 불리게 되었다.

경기 규칙

◆ 경기장

경기장의 규격은 다음과 같으며 마루의 재질은 판자(나무)를
원칙으로 한다.

1. 경기장은 경계선을 포함하여 9~11m의 정방형 또는 장방형
으로 한다. 경기장의 바깥쪽에 1.5m 이상의 여유 공간이
있는 것을 원칙으로 한다.

2. 경기장의 중심은 ×표를 표시하고, 시작선은 중심에서 같은
거리에 좌우 한줄씩 표시한다. 각 선은 폭 5~10cm의 흰선
을 원칙으로 한다.

◆ 죽도

죽도는 네 쪽의 대나무나 화학 제품으로 만들어진 것으로 한
다. 죽도 안에 이물질(선혁 내부의 심, 칼머리의 쇠붙이 이외의
것)을 넣어서는 안 된다. 길이는 부속품을 포함한 전체 길이이고
무게는 코등이를 포함하지 않는다. 코등이는 피혁 또는 화학 제
품으로 만들며 모양은 원형으로 하고 그 크기는 직경 9cm 이내
로 하고 죽도의 소정 위치에 고정한다.

◆ 호구

호구는 호면, 호완, 갑, 갑상으로 한다.

◆ 복장

복장은 검도 단련복 상의와 하의로 한다. 경기자의 구별은
청·백색의 띠(70×5cm)로 하며, 경기자의 등뒤 갑끈 교차점에

접어서 맨다. 보호대 등의 사용은 의료상(醫療上) 필요하다고 인정될 경우에 한해서 보기 흉하지 않고, 또는 상대에게 해(害)를 주지 않는 범위 내에서 인정한다. 경기자의 입·퇴장과 예법(禮法)은 그 대회에서 필요에 따라 별도로 정하여 행할 수 있다.

◆ 경기 시간

경기 시간은 5분을 기준으로 하고, 연장의 경우는 3분을 기준으로 한다. 단, 주심이 유효 격자 또는 경기의 중지를 선고했을 때부터 재개까지의 시간은 경기 시간에 포함하지 않는다.

◆ 승패의 결정

승패의 결정은 다음과 같이 한다.

1. 경기는 삼판 승부를 원칙으로 한다. 단, 운영상 필요한 경우는 한판 승부로 할 수 있다.
2. 경기 시간 내에 먼저 두 판을 따는 선수를 승(勝)으로 한다. 그러나, 한쪽이 한판을 취하고, 그대로 시간이 종료되었을 때는 그 선수가 이기는 것으로 한다.
3. 경기 시간 내에 승패가 결정되지 않을 경우에는 연장전을 하여 먼저 한판을 따는 선수를 승으로 한다. 단, 판정 또는 추첨으로 승패를 결정하든지 또는 무승부로 할 수도 있다.
4. 판정 또는 추첨으로 승패를 결정하였을 때는 승자에게 한판을 준다.
5. 판정에 의하여 승패를 결정할 경우는 반칙·기능을 우선으로 하고 그 다음은 경기 태도에 따라 판정한다. 기능은 유효 격자에 가까운 격자를 우위(優位)로 한다. 경기 태도는

동작이 훌륭한 자를 우위로 한다.

◆ 단체 경기

단체 경기의 승패는 다음과 같이 결정한다. 단, 그 대회에서 별도로 정한 방법에 의하여 승패를 결정할 수 있다.

1. 승자수법은 승자의 수에 의하여 승패를 결정한다. 승자가 동수인 경우는, 주장전에 의하여 승패를 결정한다.

2. 승자 연전법(連戰法)은 승자가 계속하여 경기를 하여, 승패를 결정한다.

◆ 경기의 시작, 종료, 중지, 재개

경기의 시작과 종료는 주심의 선고로 행한다. 경기의 중지는 심판원의 선고로 행하고, 재개는 주심의 선고로 행한다. 경기자는 사고 등으로 경기를 계속할 수 없게 되었을 때 경기의 중지를 요청할 수 있다.

◆ 유효 격자

유효 격자는 충실한 기세와 적정한 자세로써, 죽도의 격자부로 격자 부위를 칼날을 바르게 하여 격자하고 존심이 있어야 한다. "칼날을 바르게"라 함은 격자시 죽도의 격자 방향과 칼날부가 동일 방향일 경우를 말한다. 다음 경우의 격자도 유효로 한다.

1. 죽도를 떨어뜨린 즉시 가한 격자.

2. 한쪽이 장외로 나감과 동시에 가한 격자.

3. 넘어진 즉시 가한 격자.

4. 경기 종료와 동시에 가한 격자.

다음 경우의 격자는 유효로 하지 않는다.

1. 상격.
2. 피격자자(被擊刺者)의 칼끝이 상대의 상체 전면에 찌르듯 닿아 있어서 그 기세와 자세가 충실하다고 판단한 경우.

죽도의 격자부는 유효부를 중심으로 한 칼날부(등줄의 반대측)를 말한다.

격자 부위는 다음과 같다.

1. 격부(擊部)

머리 중에서 좌·우 머리는 관자놀이 윗부분.

• 머리 부분(정면, 왼쪽 머리, 오른쪽 머리)

• 손목 부분

손목부는 중단세의 오른손목(왼손이 앞에 나왔을 때는 왼손목) 또는 중단세 이외의 대적세에서의 왼손목 또는 오른손목.

• 허리 부분(오른허리, 왼허리)

2. 자부(刺部)

• 목부

◆ 금지 행위

경기자는 금지된 약물을 사용해서는 안 된다. 경기자는 심판원 또는 상대에 대하여 무례한 언동을 해서는 안 된다.

경기자가 다음의 행위를 해서는 안 된다.

1. 부정 용구(不正用具)를 사용하는 것.

2. 상대의 발을 걸거나 후리는 것.

3. 상대를 부당하게 장외로 밀어내는 것.

4. 경기 중에 장외로 나가는 것.

"장외"는 다음과 같다.

劍 道

Part 11

부록 - 경기 규칙

1. 한 발이 완전히 경계선 밖으로 나갔을 경우.
2. 넘어졌을 때, 몸의 절반 정도가 경계선 밖으로 나갔을 경우.
3. 몸이 장외로 나가는 것을 방지하려고 죽도나 팔로 경계선 밖을 짚는 행위.
4. 자기의 죽도를 떨어뜨렸을 경우.
5. 부당한 중지 요청을 하는 것.
6. 기타 이 규칙에 위반되는 행위를 하는 것.
   - 상대에게 손을 건다든가 안아 잡는 것.
   - 상대의 죽도를 잡거나 자기 죽도의 칼날부를 잡는 것.
   - 상대의 죽도를 껴안는 것.
   - 상대의 어깨에 고의(故意)로 죽도로 걸치는 것.
   - 넘어졌을 때 상대의 공격에 대응(對應)하지 않고 엎드리는 등의 행위.
   - 고의로 경기 시간을 지연하는 행위.
   - 부당한 코등이 싸움 또는 격자를 하는 것.
   - 기타 경기의 공정을 해하는 행위.

금지 행위를 범한 자를 패로 하여 퇴장시키고 상대에게 두 판을 준다. 퇴장 당한 자의 기득점수, 기득권은 인정치 않는다.

   1. 부정 용구의 사용자는 패로 하고 상대에게 두 판을 주며, 기득점수 또는 기득권은 인정치 않는다.
   2. 부정 용구의 사용이 발견된 자는 그 후의 경기에 출전할 수 없다. 단, 단체전에서 후보의 교체는 별도로 정한 바가 없는 한 인정한다.
   3. 양자 동시에 한 경우는 양자 모두 진 것으로 하고 각각의 기득점수 또는 기득권을 인정치 않는다.

198

① 경기자가 반칙을 두 번 범할 경우는 상대에게 한 판을 준다. 반칙은 한 경기를 통하여 적산(積算)한다. 단, 동시 반칙에 의하여 양자가 패가 되는 경우는 상쇄하고 반칙으로 하지 않는다.

동시 반칙의 상쇄는 다음과 같이 한다.

1. 첫 번째는 청·백의 순으로 반칙을 선고하고 상쇄한다.
2. 두 번째부터는 상쇄의 선고와 표시를 동시에 한다.

② 양자가 모두 장외로 나갔을 때는 먼저 나간 경기자만 반칙으로 한다.

③ 유효 격자를 취소하였을 때는 반칙으로 하지 않는다.

④ 죽도를 떨어뜨린 직후에 상대가 격자를 가하고, 유효가 되었을 경우는 반칙으로 하지 않는다.

劍 道

부록 – 경기 규칙

〈표 1〉 심판원의 선고와 기의 표시방법

	사 항	선 고	기의 표시	요령
시작 재개 중지	경기를 시작할 때	시 작	양기(兩旗)를 몸 쪽에 붙인다.	제1도
	경기를 재개할 때	계 속	〃	제1도
	경기를 중지할 때	중 지	양기를 똑바로 위로 올린다.	제6도
유 효 격 자	유효 격자를 인정할 때	머리, 손목, 허리, 목(찌름)	기를 비스듬히 위로 올린다.	제2도
	유효 격자를 인정하지 않 을 때		양기를 앞 아래에서 좌우로 흔든다.	제3도
	기권을 할 때		양기를 앞 아래에서 교차하여 정지한다.	제4도
	유효 격자를 취소할 때	취 소	양기를 앞 아래에서 좌우로 흔든다.	제3도
	두 판째를 시작할 때	두 판째	올린 기를 내린다.	제2도
	양자가 한판 한판이 되었 을 때	승 부	〃	제2도
승 부 의 결 정	승부가 결정되었을 때	승	올린 기를 내린다.	제2도
	연장전이 되었을 때	연장 시작	양기를 몸 쪽에 붙인다.	제1도
	한판으로 승했을 때	승	유효 격자를 인정하였 을 때와 같다.	제2도
	1. 판정을 선고할 때 2. 판정승 했을 때	판 정	1. 〃 2. 올린 기를 내린다.	제2도
	부전승 했을 때	승	유효 격자를 인정하여 을 때와 같다.	제2도
	승부가 안났을 때	비 김	양기를 앞 위에서 교 차하여 정지한다.	제5도
	경기 불능일 때	승	유효 격자를 인정하였 을 때와 같다.	제2도
	추첨으로 승부를 결정할 때	승	〃	제2도
	대표자전일 때	시 작	양기를 몸 쪽에 붙인다.	제1도

	사 항	선 고	기의 표시	요령
합의	심판원이 합의할 때	합의	양기를 오른손으로 모아 위로 올린다.	제8도
	합의 결과		주심만 기 표시를 한다.	
반칙	약물을 사용하였을 때	승	유효 격자를 인정하였을 때와 같다.	제2도
	무례한 언동을 하였을 때	"	"	제2도
	부정 용구를 사용하였을 때	"	"	제2도
	상대의 발을 건다든지 후렸을 때	반칙 ○ 번	기를 비스듬히 아래로 내린다. ※반칙 횟수를 손가락으로 표시한다.	제9도
	상대를 부당하게 장외로 밀어 냈을 때	"	"	제9도
	장외로 나갔을 때	"	"	제9도
	죽도를 떨어뜨렸을 때	"	"	제9도
	부당한 중지 요청을 했을 때	"	"	제9도
	동시 반칙을 했을 때	"	양기를 비스듬히 아래로 내린다.	제10도
	기타 이 규칙을 위반하였을 때	"	기를 비스듬히 아래로 내린다. ※반칙 횟수를 손가락으로 표시한다.	제9도
	반칙을 두 번 하였을 때	반칙 두 번 (손가락 표시) 한판	유효 격자를 인정하였을 때와 같다.	제2도
	상쇄하였을 때(相殺)	상쇄	양기를 앞 아래에서 좌우로 흔든다.	제3도
헤어져	1. 경기가 교착(膠着)되었을 때 2. 계속시킬 때	1. 헤어져 2. 계 속	1. 양기를 앞으로 낸다. 2. 양기를 내린다.	제7도
부상기 상고권	부상, 사고, 기권 등으로 경기가 계속될 수 없을 때	승	유효 격자를 인정하였을 때와 같다.	제2도

〈표 2〉 죽도의 규격

구분	중 학 생		고 교 생		대학생·일반	
	남	여	남	여	남	여
길이	114 cm 이내	114 cm 이내	117 cm 이내	117 cm 이내	120 cm 이내	120 cm 이내
무게	425 g 이상	400 g 이상	470 g 이상	410 g 이상	500 g 이상	420 g 이상

〈표 3〉 죽도의 규격(쌍도의 경우)

구 분		대학생·일반	
		남	여
대도	길 이	114 cm 이내	114 cm 이내
	무 게	425 g 이상	400 g 이상
소도	길 이	62 cm 이내	62 cm 이내
	무 게	280 g～300 g 이내	250 g～280 g 이내

〈그림 1〉 경기장

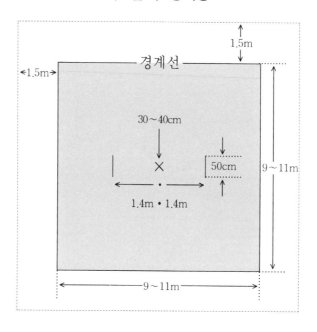

〈그림 2〉 죽도의 구조와 명칭

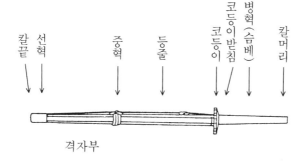

〈그림 3〉 검도구(호구) · 격자 부위

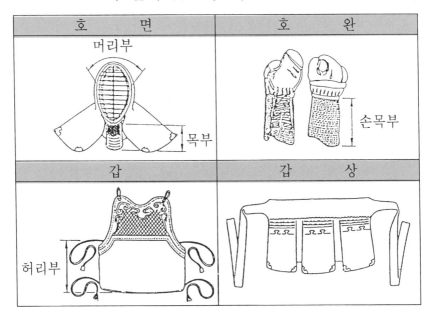

〈그림 4〉 경기자의 명찰   〈그림 5〉 심판기 등의 규격

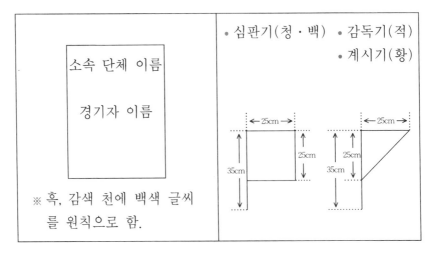

경기 방법

『경기 요령』
* 경기자는 입·퇴장할 때 선수석에 정렬하고 감독의 지시에 따라 정면에 예를 한 후 착석 또는 퇴장한다.

『정 렬』
* 단체 경기의 경우, 선봉2위는 호구를 착용, 죽도는 선봉만 갖고 주심의 구령에 의해 상호 예를 한다(경기자의 정렬 방법 제1도). 계속해서 다음의 경기가 이어질 때는 경기장 내 2팀이 1열로 선다.
  단, 2팀이 1열로 설 수 없을 때는 이에 구애받지 않는다.(단체 경기의 정렬 방법은 그림 제1도와 제2도를 참조.)

『정면에 대한 예』
* 경기자는 다음의 경우, 입례의 위치에서 주심의 구령에 따라 정면에 대한 예를 한다.
  (1) 첫 경기의 시작 및 결승전의 시작과 종료 시.
  (2) 경기가 2일 이상 실시될 경우, 첫 경기의 시작 및 최후 경기의 종료 시 또는 결승전의 시작과 종료 시.

『시작』
* 경기자는 경기를 시작할 때 입례의 위치에 나가서 '든칼'의 자세로써 상호 예를 하고 '허리칼' 자세로써 3보 나가 시작선에서 죽도를 뽑아 맞춘 뒤 주심의 선고로 경기를 시작한다.

『유효 격자』
* 경기자는 주심의 유효 격자 선고가 있을 경우 즉시 경기를 중지하고, 시작선에 돌아가서 중단세를 취하고 주심의 선고를 받는다.

『중지의 요청』

• 경기자가 경기의 중지를 요청할 경우, 손을 든 뒤 주심에게 즉시 그 이유를 말한다.

• 경기자는 착용한 용구가 흐트러진 것을 고칠 때는 시작선에서 '꽂아칼'하고 경계선의 안쪽까지 물러나서 정좌하여 신속히 고친다.

『중지』

• 경기자는 심판원의 '중지'의 선고가 있을 경우, 즉시 경기를 중지하고 시작선에 돌아가 주심의 선고 또는 지시를 받는다.

『합의』

• 경기자는 주심이 합의의 선고를 한 경우, 시작선에서 '꽂아칼'하고 경계선의 안쪽까지 후퇴하여 준거 또는 정좌하여 대기한다.

• 심판원의 합의는 다음의 경우에 한다.

　① 유효 격자의 취소

　② 심판원의 착오

　③ 반칙의 사실이 불분명한 경우

　④ 규칙의 운용 또는 실시의 의의(疑義)

『재개』

• 중지 후에 경기를 재개할 경우, 경기자는 시작선에서 서로 중단세를 취하고 주심의 선고로 경기를 재개한다.

『헤어져』

• 주심의 '헤어져' 선고가 있을 경우, 경기자는 즉시 떨어져서 서로 중단세를 취한 후 주심의 선고로 경기를 계속한다.

『이의 제기(異議提起)』

• 감독이 이의 제기를 한 경우, 경기자는 '합의' 때와 같은 요령

으로 대기한다.

『판정 · 추첨승 · 경기 불능』
- 경기자는 판정에 의해 승부를 결정할 경우, 시작선에서 서로 중단세를 하고 주심의 선고를 받는다.
- 판정으로 승부를 결정할 경우, 심판원은 주심의 '판정' 선고에 맞추어서 승자라고 판단한 측의 기를 표시한다. 이때 비김 또는 기권의 표시는 할 수 없다.

『부전승』
- 경기자는 부전승으로 승자의 선고를 받을 경우, 시작선에 나가 주심의 선고를 받고 원위치로 돌아간다.
- 단체 경기에서 부전승의 경우 모든 선수가 입례의 위치에서 주심의 선고를 받는다.(단체 경기의 정렬 방법 제1도.)

『종료』
- 경기자는 경기가 끝났을 때 시작선에서 서로 중단세를 취하고 주심의 선고 후 '꽂아칼'을 하고 입례의 위치까지 물러난 뒤 든칼 자세로 상호의 예를 한다.
- 단체 경기가 종료한 경우, 양 팀은 입례의 위치에 정렬하고 주심의 구령으로 단체간의 예를 하고 퇴장한다. 이 경우, 최후의 경기자는 호구를 착용한 채로 죽도를 갖고 정렬한다.(단체 경기의 정렬 방법 제1도 · 제2도.)

『기타의 요령』
- 경기자가 쌍도를 사용하는 경우, 다음의 요령으로 한다.
(1) 소도(小刀)와 대도(大刀)를 같이 '든칼 자세'를 취한다.
(2) 대적세를 취할 때 먼저 오른손으로 왼손에 잡는 죽도를 뽑아서 왼손에 바꾸어 들고 다음에 오른손에 잡을 죽도를 뽑아 대적세를 취한다.

207

(3) '꽂아칼'할 때는 먼저 오른손에 가진 죽도를 꽂고 다음에 왼
손에 가진 죽도를 꽂는다.

• 경기자의 복장은 청결해야 하고 터지거나 찢어진 것이 없어야
한다. 심판원은 경기 시작 전 경기자의 복장(상의·하의·등
띠·명찰)이 적합한지를 확인한다. 심판원은 경기자의 용구(호
구·죽도·코등이)가 적합한지를 확인한다.

• 호구는 경기 중 흐트러짐이 없도록 견고하게 착용하고, 머리끈
의 길이는 매듭에서 40 cm 이내로 한다.

• 경기자는 경기장 내에서 상호의 예만 하고 심판원에 대한 예나
상호간의 개인적인 좌례(座禮) 등은 하지 않는다.

• 경기자가 교대할 때 서로 갑을 두드리거나 악수 등의 행위를
해서는 안 된다.

• 경기자는 심판원이 이동하여 정위치에 설 때까지 경기장에 들
어가서는 안 된다.

• 다음 경기자는 전 경기자가 경기장에서 나올 때까지 경기장에
들어가서는 안 된다.

• 감독 및 선수는 선수석에 시계를 차고 들어간다든지 신호, 노
래 등으로 지시한다든지 해서 경기자에 대한 성원을 해서는 안
된다.

• 선봉 또는 최후의 경기자가 대전할 경우, 대기하는 선수는 정
좌하는 것이 바람직하다.

단체 경기의 정렬 방법

제1도 경기 전후의 정렬 방법
(1팀의 경우)

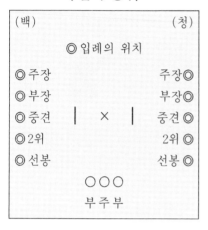

제2도 경기 전후의 정렬 방법
(2팀의 경우)

(우측 그림)

심판원의 이동/교대 요령

제1도 심판원의 입장과 정렬

정 면

심판장

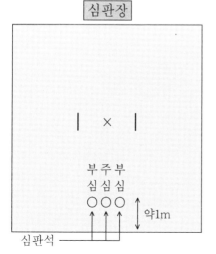

제2도 심판원의 정위치

정 면

심판장

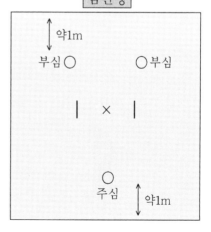

기의 표시 요령

제1도 시작 · 재개 · 종료
- 양기를 몸쪽에 붙인다(기본 자세).

제2도 유효 격자 · 판정 · 승부의 결정
- 기를 비스듬히 위로 올린다 (45도).

제3도 유효 격자의 불인정 및 취소, 상쇄
- 양기를 앞 아래에서 좌우로 흔든다.

제4도 유효 격자 판정의 기권
- 양기를 앞 아래에서 교차하여 정지한다.

제5도 비김
- 양기를 앞 위에서 교차하여 정지한다(청기를 앞으로 해서).

제6도 중지
- 양기를 똑바로 위로 올린다.

제7도 헤어져

- 양기를 앞으로 낸다.

제8도 합의

- 양기를 오른손으로 모아 위로 올린다.

제9도 반칙

- 기를 비스듬히 아래로 내린다.

제10도 동시 반칙

- 양기를 비스듬히 아래로 내린다.

표시 요령

1. 표시 항목 또는 표시 내용

〈표 4〉 표시판과 표시 방법

항 목	표시물	표 시 내 용
유효격자	⑪ⓐ ⓗ⑰	⑪=머리, ⓐ=손목, ⓗ=허리, ⑰=찌름 유효 격자의 표시 순서는 〈표 5〉의 주장전과 같이 표시한다.
반 칙	▲	반칙의 경우는 기록난의 바깥쪽에 "▲"(적색)를 표시한다.
반 칙 2 회	⑭	반칙 2회로 반칙"▲"를 떼어 내고, "⑭"표를 상대측에 표시한다.
상 쇄		상쇄의 경우는 상쇄 전의 반칙"▲"의 표시는 남긴다. 단, 기록 용지에 상쇄 전의 란을 두어서 횟수를 기록한다.
판 정 승	㉵	판정승의 경우는 ㉵표를 표시한다.
추 첨 승	㉵	추첨승의 경우는 ㉵표를 표시한다.
한 판 승	한판승	한쪽이 한판을 취득하고 경기 시간이 종료하였을 때는 "한판승"을 표시한다.
연 장	연장	연장전의 경우는 "틀" 중심선 중앙에 "연장"표를 표시한다.
비 김	×	비김의 경우는 틀 중심선 중앙에 "×"표를 표시한다.
부 전 승 기 권 경 기 불 능	"○○"	부전승·기권·경기 불능 또는 부당 행위 등으로 승부가 결정되었을 경우는 승자측에 "○○", 연장전의 경우는 "○"를 표시한다.

주심의 선고에 따라 표시물을 정확히 표시판에 표시하고, 심판원·출전 선수 또는 관중에게 경기 경과를 알 수 있도록 한다.

2. 표시 방법

(1) 단체 경기에서의 심판원 이름·단체 이름·선수 편성 또는 표시물을 표시판에 표시하는 방법은 〈표 5〉와 같다.

〈표 5〉 표시판과 표시 방법

순위	성 명	팀 명		팀 명		성 명
선봉				한판승	ⓜ	
2위				ⓜ	ⓗ	
중견		○	○			
부장		ⓑ	╳		ⓒ	
주장		▲	ⓗ	ⓜ	ⓢ	▲
대표전						

둘째판   셋째판 첫째판

(2) 개인 경기에서의 표시 방법은 그 대회에 정해져 있는 방법으로 표시한다.

용어 해설

■ 합기(合氣)

자신이 공격하면 상대도 공격하고, 자신이 후퇴하면 상대도 후퇴한다. 공격과 수비 모두 동기(同氣)가 되어 서로가 마치는 것을 말한다. 공격할 때는 이 합기(合氣)를 피하고 공격해야 한다.

■ 허실(虛實)

실(實)은 정신이 충실(充實)하여 방심없는 상태를 말한다. 허(虛)는 실의 반대이며 심신에 대비가 없을 때를 말한다. 실이 있으면 꼭 허가 있고, 강한 데가 있으면 꼭 약한 데가 있다. 시합에서는 이 허를 겨누는 것이 중요하다.

■ 현대의 일치(懸待一致)

공격과 수비가 끊임없이 밀접한 관계를 가지고 진행되는 것을 말한다. 거는(懸) 것 속에 방어기(防禦技)가 포함되고, 기다리는(待) 속에 거는(懸) 기(氣)가 포함되어 있다는 것을 말한다.

■ 삼살법(三殺法)

• 죽도를 죽인다 : 상대의 죽도를 좌우로 누르기, 감기, 털어내기 등으로 죽도의 자유 동작, 즉 검선을 죽이는 것을 말한다.
• 기(技)를 죽인다 : 선(先)을 잡고 틈없이 공격을 계속하여 상대가 기를 사용할 수 없도록 하는 것을 말한다.
• 기(氣)를 죽인다 : 끊임없이 기(氣)를 전신에 넘치게 하여 선(先)의 기를 가지고 상대가 나오려고 하는 것을 이쪽에서 먼

저 나가려고 하는 기위(氣位)를 나타내어 상대의 해이된 곳을 틈없이 공격하는 것을 말한다.

■ 존심(存心)

치고 난 후 마음을 남기는 것으로 치고 난 후에도 방심하지 않는 태도를 유지하는 것을 말한다. 상대를 쳤을 때는 유감없이 치고 공격이 무효가 되면 연속하여 칠 수 있도록 조금의 방심도 없는 대비를 하여 언제나 상대의 공격에 대응할 수 있도록 준비하고 있는 것을 말한다.

■ 사계(四戒)

경구의혹(驚懼疑惑)을 말한다. 그 중 하나라도 마음속에 있다면 마음은 혼란되어 상대에게 틈이 있어도 발견할 수가 없고 자신이 위축되어 틈이 생긴다.

경(驚)이란 예기치 않았던 일이 생겨 마음이 동요되는 것으로, 그로 인해 일시 심신의 활동이 혼란되어 정상적인 판단을 내릴 수가 없어 적당한 조치를 취할 수가 없다.

구(懼)란 공포이며 그것이 정신 활동을 침체시켜 손발의 활동을 잃게 한다. 상대의 체격이 크다고 해서, 기합 소리가 크다고 해서, 또 상대의 허세에 공포를 느껴서는 안 된다.

의(疑)란 의심을 가지게 되는 것으로써, 의심을 가졌을 때는 정상적인 마음으로 판단할 수가 없어 결단을 내리지 못한다.

혹(惑)이란 마음이 방황하여 정신이 침체되어 신속한 판단, 경쾌한 행동을 취할 수 없게 된다.

■ 지심(止心)

마음을 하나로 그치는 것으로서 상대의 전체를 보지 않고 일점(一占)에만 마음을 집중시키고 마는 것을 말한다. 상대가 공격해오는 죽도를 받는다, 피한다 그것에 마음을 빼앗겨 자신의 동작이 둔화되는 것을 말한다.

■ 수파리(守破離)

수(守)란 검도를 배우는 데 있어서 스승의 가르침을 충실히 지키고 검리(劍理)・기(技)를 수업하는 것을 말한다.

파(破)란 지금까지 배운 유파의 가르침(규칙・법칙)을 충분히 체득하고 다시 다른 유파의 좋은 점을 배움으로써 스승 이상의 힘을 자기의 것으로 할 수 있다. 그러나 스승에의 예의는 잊지 않고 은혜에 보답하지 않으면 안 된다.

이(離)란 파(破)의 심경이며 힘이 일단(一段) 진보한 상태를 말한다. 심신이 자유자재이며 검(劍)에 의해 그것을 다한 상태가 된다. 자연과 창의도 생겨 더 나아가서는 새로운 유파를 발생시킬 수도 있다.

■ 심기력일치(心氣力一致)

심(心)이란 지각・판단・사고 분별을 하는 것으로서 마음의 정적(靜的)인 면이다.

기(氣)란 의지이며 마음의 판단에 의해서 활동하는 것으로서 마음의 동적(動的)인 면이다.

역(力)이란 5체의 힘이며 죽도를 가지고 공격하고 내딛는 힘이다.

이 세 가지가 동시에 순간적으로 작용함으로써 유효한 공격을 할 수가 있다.

■ 틈

공격할 수 있는 상대의 정신 상태. 이것은 동작이 일어나고 체력·기력이 다했을 때, 기(技)를 실패했을 때에 나타난다. 그 밖에 호흡·눈동자가 거(居)의 상태에 있을 때 공격하여 틈을 만드는 경우와 상대 자신이 만드는 경우도 있다.

■ 선(先)

'선(先)의 선(先)'이란 죽도를 가지고 상대와 마주봤을 때 서로가 상대를 공격하려는 의지를 가지고 있을 경우 이 공격하려고 하는 상대의 의지, 즉 죽도의 움직임을 빨리 확인하고 상대보다 먼저 선제하는 것을 말한다.

'선의 선'이란 상대가 틈을 보고 공격해 오는 것을 상대가 실효를 거두기 전에 빨리 선제하여 이기는 것이며, 스쳐올리기를 하고 치거나 몸을 피하여 치는 것이다.

'후(後)의 선'이란 상대가 틈을 보고 공격해 왔을 때 간격을 이용하여 상대에게 허공을 치게 하거나 또는 몸을 피하여 그 후에 공격하는 것으로서 상대의 동작이 형태로 나타나서 공격하는 기를 말한다.

■ 손의 조임(手內)

① 자루를 잡은 양손의 잡는 방법(중단세 참조) ② 힘을 넣는 방법(중단세 참조) ③ 공격할 때의 양손의 긴장 상태와 균형 ④ 공격 후 양손의 긴장이 풀린 상태 등, 이 네 가지를 총합적으로 손의 조임이라고 한다.

■ 품격(品格)

망음과 기가 숙달되면 자연히 갖추어지는 것으로서 무리하게 갖추려고 해도 갖추어지지 않는다. 훌륭한 자세를 모방해도 혼이 들어 있지 않으면 아무것도 되지 않는다. 검도를 꽃으로 비유한다면 향기와 같은 것이다.

■ 평상심(平常心)

평시의 마음, 즉 인간 본래의 마음 상태를 말한다. 검도 일정한 간격을 두고 싸우는 것이 중요하지만 서로가 공격할 때는 마음이 동요한다. 그 순간에 틈이 생겨 공격을 당하게 된다. 평상심을 상하게 하는 것은 경(驚), 구(懼), 의(疑), 혹(惑)이며 이것을 사계(四戒)라고 한다. 마음이 동요하면 적절한 공방이 불가능해진다. 이것을 배척하여 평상심을 수양하여 사회 활동에 적용시키는 것이 검도를 하는 목적의 하나이다.

■ 방심(放心)

마음을 물질에 빼앗기지 않도록 하는 것을 말한다. 마음이 물질에 현혹되는 일이 없이 자유자재의 상태로 있으면 어떤 일에도 대처할 수가 있다.

■ 물타(物打)

검선에서 10~15 cm 정도의 곳이며 줄 반대쪽의 부위를 말한다. 쳤을 때 가장 힘이 많이 들어가는 곳이다. 초보자가 공격할 경우 우선 이곳에서 공격 부위를 치도록 유의할 필요가 있다.

■ 이합(理合)

검(劍)의 법칙이나 도리에 따른 공격법을 말한다. 예를 들면 공격의 기회가 있는 것처럼 상대의 실(實)을 피하여 허를 치고, 후퇴할 때를 치고, 나오려고 하는 것을 치는 등, 무작정 공격하는 것이 아니고 무리없는 공격을 이(理)에 맞게 하는 공격법이라고 한다.

■ 호

손과 깊은 관계가 있어 공격할 때 나타난다. 순간적으로 손 안에 충만한 공격이 나타나는 힘을 말한다.

■ 거(居)

순간적으로 심신이 모두 정체(停滯)하여 마음대로 활동할 수 없게 되고 상대의 공격에 응할 수 없는 상대를 말한다.

상대가 거(居)의 상태에 있을 때를 말한다. 상대가 이러한 상태에 있을 때를 포착하는 것이 공격 기회의 하나로서 중요하다.

■ 상격(相擊)

시합 또는 연습 중에 양 선수의 유효 격자가 동시에 행하여지는 것. 이 경우 쌍방의 격자는 다같이 유효가 되지 않는다.

■ 발걸이

상대에게 발을 건다든지 또는 발을 휘감는 것. 시합에서는 반칙이다.

■ 발놀림

발 움직임의 방법. 검도의 "발놀림"에는 "걸음발", "보내기발",

"이음발", "벌림발" 등이 있다.

■ 걸음발

자연스럽게 걷는 발놀림이며, 앞뒤로 멀리 그리고 빨리 이동하는 경우에 쓴다.

■ 멈칫하기

공방의 동작 중 순간적으로 휴지 상태에 빠져서 대응 동작을 할 수 없는 상태. 예컨데 공격을 받아서 죽도를 꽉 잡는다든지, 오른발 발꿈치가 마루에 붙여서 뒤로 기울어진 자세가 되어 버린 경우를 말한다.

■ 일족일도의 간격(一足一刀의 間隔)

한 발이 나가면 상대를 격자할 수 있고 한 발만 물러나면 상대의 격자를 피할 수 있는 거리. 검도의 기본적 간격이다.

한마디로 "일족일도의 간격"이라고 하지만 체격, 재능, 기술의 정도에 따라 조금씩 다르므로, 각자가 항상 이 간격을 의식하면서 연습하는 것이 중요하다.

■ 연격(連擊)

정면머리치기 - 연속좌우머리치기 - 정면머리치기를 연속하여 통상 2회 되풀이하는 검도의 종합적 연습법이다. 정면머리치기, 좌우머리치기의 연습을 위함이 아니라 체력, 기력, 간격, 호흡법 등을 습득하기 위하여 하는 것이다. 또 검도의 준비 운동으로도 적합하다.

■ 치고 들어가는 연습

미리 치고 들어가는 부위를 정해 놓든지, 선도(先刀)가 만든 빈틈을 치고 들어가는 기본적 연습법이다.

■ 선도와 후도(先刀/後刀)
검도의 "본"을 할 때, 사범의 위치에서 항상 기술을 걸어서, 그 기술에 응하여 검리에 마땅한 기술로서 이기는 방법을 가르치는 것을 선도라고 하며, 거꾸로 제자의 입장에서 선도가 거는 기술에 응하여 바르게 이기는 방법을 배우는 것을 후도라 한다.

■ 대응 기술(對應技術)
"스쳐올려치기", "되돌려치기", "비켜치기", "떨어뜨려치기" 등으로 상대의 공격을 무효화하는 동시에, 이때 생긴 빈틈을 치고 들어가는 기술이다. "스쳐올려치기", "되돌려치기" 기술, "비켜치기", "떨어뜨려치기" 기술이 있다.

■ 보내기발
이동하는 방향의 발을 우선 움직이고, 다음으로 또 한쪽의 발을 밀어 넣는 발놀림의 방법으로 전후 좌우로 1~2보의 근거리 이동에 쓰인다.

■ 앞면(表面)과 뒷면(裏面)
중단세를 취하였을 때, 자기 죽도의 좌측을 "앞면", 우측을 "뒷면"이라고 한다.

■ 연공 연습(連攻演習)
선도자(지도자)에 대하여 빈틈을 찾아내서 치고 들어가며, 틈

221

(허점)이 없으면 틈을 만들게 하며, 적극적으로 "걸고 들어가는 기술"을 갖고, 치고 들어가는 기본적 연습법이다. 선도는 좋은 치기에는 맞아 주고 무리한 치기나, 나쁜 치기는 되돌리든지, 비키든지 하여 맞아 주지 말고, 정확한 격자와 왕성한 기력과 체력을 몸에 익히도록 하는 연습법이다.

■ 되돌려치는 기술

치고 들어오는 상대의 죽도에 응하되, 손목을 되돌려서 응하는 등, 죽도의 반대쪽을 치는 기술이다.

■ 기부림

시합이나 연습 중에 의식적으로 큰 소리를 내는 것. 자기 자신을 격려하고, 상대를 위압하는 소리(격자 전), 기술의 예리하고도 위력을 주는 소리(격자 시), 승리를 고무하고, 상대의 반격에 대비하는 소리(격자 후)가 있다.

■ 본(形)

호구를 착용하지 않고 목검이나 진검으로 정해져 있는 순서로 공방의 동작을 행하는 것. 검도의 기초 기술을 배우는 하나의 연습법으로 삼고 있다.

■ 대세(對勢)

대적 자세를 말하며, 대세에는 몸대세와 마음대세가 포함되어 있지만 검도에서 대세라는 말은 일반적으로 몸대세를 말한다. 대표적 대세에는 중단세(中段勢), 상단세(上段勢), 하단세(下段勢), 음세(陰勢), 양세(陽勢)의 5가지 대세가 있다.

■ 하단세(下段勢)

중단세에서 자연스럽게 칼끝을 내린 대세를 말한다. 상대의 발밑을 공격하면서 몸을 지키는 대세.

■ 합의(合議)

심판원이 경기자의 반칙을 발견했을 때 또는, 의의가 발생하였을 때 서로 상담하는 것.

■ 불공정행위(不公正行爲)

불리한 상황에서 일시 중지를 요구하든지, 맞지 않기 위하여 상대를 안아 싸는 등 부당하게 유리한 상황을 얻기 위한 행위를 말한다. 반칙 일 회가 된다.

■ 산뜻함

격자할 때에 오른손의 미는 힘과 왼손의 당기는 손놀림이 조화되고, 격자했을 때에 죽도의 격자부에 작용하는 힘에 관한 것인데, 순간적인 손바닥 놀림의 조이는 것과 몸놀림이 일치된 격자는 맞아도 아프지 않고, 도리어 상쾌하게 느끼게 된다. 산뜻한 격자는 격자의 반동으로 약간 떨어지게 된다.

■ 제도의 자제(提刀의 姿勢)

팔을 펴고 칼, 목검, 또는 죽도를 왼손에 갖는, 입례할 때의 자세.

■ 걸고 들어가는 기술

상대가 격자 동작을 일으키기 전에 이쪽에서 상대의 중심을 공

격하고, 죽도를 누르며 압박하여 틈이 생기도록 하며, 또는 상대
의 대세의 틈을 발견함과 동시에 박차고 들어가 격자하는 기술.
뛰어들어가는 기술, 나올 때 치는 기술, 비켜치기 기술, 어깨매어
치기 기술, 상단치기 기술, 한손치기 기술 등이 있다.

■실지연습(實地演習)
서로가 기력을 다해 습득한 기술을 적극적으로 내서 연마하는
종합적인 연습법이다.

■죽도 놓치기
경기 중에 자기의 죽도를 양손에서 놓쳐 사용 불능이 되는 것
으로 반칙이 된다.

■칼능(稜)
칼날의 한가운데서 칼등 쪽으로 종(縱)으로 한층 높게 되어 있
는 것을 말한다. 칼날을 밑으로 하고 대세를 취하였을 때 좌측을
앞능, 우측을 뒷능이라 한다.

■사리일치(事理一致)
사(事)는 기술, 이(理)는 이론을 말한다. 즉 기술의 이치를 이
해하고 수련을 하여, 기술과 이론이 일치하게 하는 것이다.

■장외(場外)
경기 중에 경기장 밖으로 나가는 것. 장외로 나가면 반칙이 된
다.

■상단세(上段勢)

중단세에서 두 손을 치켜 들고, 왼손 주먹이 머리 위에 왔을 때 정지한 대세를 말함. 가장 적극적인 공격의 대세라 하겠다.

■심판원(審判員)

검도의 심판은 주심 1명, 부심 2명으로 구성되어, 유효 격자와 반칙의 판정에 있어서는 동등한 권한을 갖고 그 판정에 임한다. 주심은 관계 계원과의 연락하에 시합을 진행하고 승패의 선고를 한다.

■빈틈

사계(四戒)라고 말하는 경구의혹(驚懼疑惑)이 생긴 마음의 틈과, 칼끝이 상대의 중심에서 벗어나거나 손잡이가 오르내리는 등 "대세"에 틈이 생겼을 때를 말하며 이는 곧 격자의 좋은 기회가 된다.

■공세(攻勢)

공격에는 기력에 의한 공격, 칼끝에 의한 공격, 격자에 의한 자세 등이 있으나, 상대에게 "앗! 맞겠구나"하고 느끼게 함으로써, 이쪽에서 주도권을 잡는 것을 말한다. 옛날부터, "쳐서 이기지 말고, 이기고 치라"라고 가르치고 있는 것과 같이 공격을 중시하는 검도가 아니면 그 맛과 그 깊은 뜻을 얻을 수 없는 것이다.

■준거

원래는 웅크림, 쭈그림 한다는 뜻으로 경례의 하나이다. 검도에서 준거의 자세는 오른발을 약간 앞으로 하여 발끝을 세우고, 양 무릎을 좌우로 벌리고 접어서, 상체를 바르게 하여 허리를 내린 우자연체(右自然體)의 자세를 말한다.

■ 몸부딪침

격자에 따른 여세로 온몸으로 상대에 부딪치는 것. 몸부딪침은 상대의 자세를 허물고, 격자의 기회를 만들 뿐 아니라, 자기 자세 (특히 허리 부분)의 안정, 기력의 양성을 도모하는 데도 중요하다.

■ 격자부(擊刺部)

칼끝에서 칼날부 전체의 약 3분의 1이 되는 곳을 말한다.

■ 격자 부위(擊刺部位)

격자하는 목표 부위에 정확히 맞으면 한판(유효 격자)이 된다.

• 머리 부분(정면머리, 관자놀이 부분 위의 좌우머리) – 머리 부분은 호면의 천으로 된 부분을 의미하며, 머리쇠 부분은 포함되지 않는다. 즉, 상대가 머리 부분을 뒤로 치켜 올렸을 경우는 유효 격자가 되지 않는다.

• 손목 부분(오른손목, 다음 경우의 왼손목의 토시 부분) – 오른손 앞의 중단세, 하단세, 음세, 양세, 쌍도세, 올린손목, 기타 중단세의 변형된 것.(올린손목이란 격자시를 제외하고, 왼주먹이 명치보다 올라간 경우를 말한다.)

• 허리 부분 – 오른쪽 허리, 왼쪽 허리의 동혁 부분.

• 찌름 부분 – 목부.

■ 격자의 좋은 기회

검도에 있어서 공격의 기회는 원칙적으로 다음의 것들을 들 수 있다.

- 상대의 동작이 시작될 무렵(나오는 기술을 받아 친다).
- 기술이 끝났을 때(동작이나 기술이 끝나고 다음으로 넘어가려는 순간).
- 멈칫하였을 때(몸과 마음의 긴장이 풀어진 순간).
- 물러날 때(자세를 추스리기 위하여 후퇴할 때).
- 받아 잡았을 때.
- 숨을 깊이 들이킬 때.

■ 가까운 간격(近間)

일족일도(一足一刀)의 간격보다 가까운 간격(코등이 싸움 포함).

■ 중단세(中段勢)

가장 많이 쓰이며 공격이나 방어에도 적합한 대표적인 검도의 대세이다. 기본적으로 칼끝이 상대의 인후 부위를 겨누는데, 좌측 눈, 두 눈 사이, 배꼽을 겨누는 대세도 있다.

■ 이음발

상대와의 거리가 약간 멀어 뛰어들어가도 도달할 수 없을 때, 왼발을 오른발에 당겨 붙이고, 간격을 엿보아 동시에 박차고 들어가는 발의 사용법이다.

■ 코등이 싸움

상대와 최대한 접근한 순간에 양자가 각각 서로 죽도를 약간씩

우측으로 경사지게 벌려서 코등이(오른주먹)가 서로 접촉되어 있는 상태. 현행의 시합 규칙에서 격자의 의사가 없는 코등이 싸움이 20초 이상 계속되면 처음에는 "코등이 싸움 주의"가 되며 두번째는 반칙이 된다.

■ 손바닥놀림

죽도를 잡는 방법. 격자하거나 상대의 공격에 응할 때 양손의 힘을 넣는 방법과 늦추는 방법을 조절하는 것.

■ 먼 간격(遠間)

일족일도의 간격보다 먼 거리.

■ 칼날줄기

칼(竹刀)이 베어 들어가는 줄기의 올바른 길을 말하며 "칼날줄기가 섰다"(칼날이 똑바로 격자 부위를 향하여 내려치고 있다), "칼날줄기가 서 있지 않다"(평타라고 하는 칼능치기), 또는 "칼날줄기가 흔들려서 벗어났다" 라고 쓰인다.

■ 음세(陰勢)

칼날을 상대를 향하여 죽도를 세우고, 오른손을 우측 어깨 앞, 왼손을 명치에 둔 대세로서 자기의 좌측 어깨 너머로 상대를 본다.

■ 반칙(反則)

경기자에게 금지된 행위. 반칙을 2회 범하면 상대에게 한판을 준다.

■판정(判定)

 경기 시간 안에 유효 격자가 없을 경우 자세, 태도, 기능, 반칙을 기준으로 종합적으로 승부를 정하는 것.

■치고 물러나가기

 격자 후 충분한 몸대세, 마음대세 없이 상대에게서 물러나감.

■부추기 연습

 상급자가 하급자에 대한 지도 연습. 부추기 연습은 소극적이 되기 쉬운 하급자를 상대로 빈틈을 만들어 주고, 소리와 동작으로 격려하면서 연습을 시키는 법.

■칼능(稜) 치기, 칼옆 치기

 칼의 날에 해당하는 부분(등줄의 반대쪽)이 아니고, 칼의 능 부분[칼의 배(腹)]으로 치는 것으로 유효 격자가 안 됨.

■벌림발

 몸을 벌리거나 격자할 때, 그리고 상대의 공격에 응하여 치는 경우에 쓰는 발놀림이다. 허리 부분의 움직임으로 이동하고, 상대와 정면에서 대응하는 것이 중요하다.

■박차 들어가는 발놀림

 상대가 후퇴하여 닿을 수 없을 경우, 상대의 빈틈을 잡아 예리하게 격자하고자 할 때 쓴다. 왼발로 차듯이 육박하여 오른발의 발끝을 올린 후, 발바닥 전체로 마루를 밟아 차 붙인다. 다시 왼발을 오른발에 재빨리 당겨 붙이고, 전진하는 힘을 죽이지 말고

부드럽게 밀어 걷기를 한다. 이와 같이 일련의 동작으로 연습한다. 박차고 들어가는 발과 격자하는 죽도가 일치해야 유효 격자가 될 수 있다.

■ 간격(間隔)

일반적으로 상대와 자기와의 거리를 말한다. 검도에서는 상대와 자기 사이의 공간적인 요소를 내포한 것을 간격이라고 한다.

■ 눈길

자기의 눈살붙이기를 말한다. 눈길의 기본은 상대의 눈길에 붙이는 데 있지만, 자기보다 고수와 상대할 경우, 바로 상대의 눈에 눈길을 두면 자신이 의도가 노출될 염려가 있으므로 일부러 다른 곳에 눈길을 두기도 한다. 이 눈길을 '곁눈길'이라고 한다.

■ 유효 격자(有效擊刺)

유효 격자는 충일한 기세, 적법한 자세를 갖고 죽도의 격자부로 격자 부위를 칼날줄기를 바르게 격자하고 존심이 있어야 한다. 다른 스포츠의 룰(rule)에 비교해서 검도의 유효 격자의 규정은 대단히 막연하다고 말하지만 거기에는 깊은 의미가 있다. 즉 유효 격자의 기준은 경기자의 기술 단계, 체력, 연령 등에 의해서 변화되므로 지도자는 어떤 기준을 채택하는가에 대해서는 충분히 배려하지 않으면 안 된다.

■ 양세

칼날을 비스듬히 아래로 향하게 하고, 우측 허리 아래에 오도록 칼을 유지하여 상대의 움직임에 대응하는 대세. 몸 속에 칼을

숨기고 상대에게 자기의 무기의 종류와 길이 등을 모르게 하는
것.

파이팅 기초 검도 마스터

편저자 · 野 尻 忠 克
　　　　스포츠서적편집실
발행자 · 남　용
발행소 · 일신서적출판사
주　소 · 121-110 서울 마포구 신수동 177-3
등　록 · 1969.9.12. No.10-17
전　화 · 703-3006~8　　FAX · 703-3008
대체구좌 · 012245-31-2133577